领导干部履职核心能力建设书系

主编 时和兴

领导干部
意识形态能力建设

周文彰 陈少雷 著

中央党校出版集团
国家行政学院出版社
NATIONAL ACADEMY OF GOVERNANCE PRESS

图书在版编目（CIP）数据

领导干部意识形态能力建设 / 周文彰，陈少雷著
.—北京：国家行政学院出版社，2023.5（2024.11 重印）
（领导干部履职核心能力建设书系 / 时和兴主编）
ISBN 978-7-5150-2783-8

Ⅰ.①领… Ⅱ.①周… ②陈… Ⅲ.①领导人员—意识形态—建设—中国 Ⅳ.① D630.3

中国国家版本馆 CIP 数据核字（2023）第 060801 号

书　　名　领导干部意识形态能力建设
LINGDAO GANBU YISHI XINGTAI NENGLI JIANSHE
作　　者　周文彰　陈少雷　著
统筹策划　刘韫劼
责任编辑　陈　科　宋颖倩
责任校对　许海利
责任印制　吴　霞
出版发行　国家行政学院出版社
（北京市海淀区长春桥路 6 号　100089）
综 合 办　（010）68928887
发 行 部　（010）68928866
经　　销　新华书店
印　　刷　北京盛通印刷股份有限公司
版　　次　2023 年 5 月第 1 版
印　　次　2024 年 11 月第 4 次印刷
开　　本　170 毫米 × 240 毫米　16 开
印　　张　10
字　　数　128 千字
定　　价　36.00 元

总序

领导干部是党和国家事业发展的“关键少数”，是党和国家事业的中坚力量。全面建设社会主义现代化国家，必须有一支政治过硬、适应新时代要求、具备领导现代化建设能力的干部队伍。领导干部的履职能力不仅体现干部队伍的整体素质，更关系党的长期执政、国家长治久安、人民长远幸福。培养造就信念过硬、政治过硬、责任过硬、能力过硬、作风过硬的领导干部队伍，对于实现新时代新征程中国共产党的使命任务，以中国式现代化全面推进中华民族伟大复兴，具有重要战略意义。

当前，世界百年未有之大变局加速演进，世界之变、时代之变、历史之变正以前所未有的方式展开，国内改革发展稳定任务艰巨繁重，给领导干部的履职能力提出了一系列新挑战、新要求。建设堪当民族复兴重任的高素质干部队伍，必须着力解决领导干部队伍中存在的本领恐慌、能力不足问题。新时代新征程新任务，要求各级领导干部不断提高政治能力，增强推动高质量发展本领、服务群众本领、防范化解风险本领，加强斗争精神和斗争本领养成，提高统筹发展和安全能力。

干部教育培训是干部队伍建设的先导性、基础性、战略性工程。为开发适应领导干部履职需要和学习特点的培训教材，助力打造高素质专业化干部队伍，我们以习近平新时代中国特色社会主义思想为指导，立足中央党校（国家行政学院）作为干部培训主渠道主阵地的职能定位，以党中央对领导干部队伍建设的最新要求为遵循，编写了“领导干部履职核心能力建设书系”，分设《领导干部政治能力建设》《领导干部意识形态能力建设》《领导干部群众工作能力建设》《领导干部调查研究能力建设》《领导干部依法治理能力建设》《领导干部应急处突能力建设》《领导干部心理调适能力建设》《领导干部数字治理能力建设》八册。其中，政治能力是首要能力，在领导干部干好工作所需的各种能力中是第一位的；意识形态能力是关键，反映领导干部在重大问题和重大考验面前辨别政治是非的素质和水平；群众工作能力是根本，是衡量领导干部政治上是否合格、工作上是否称职、领导能力强不强的基本标准；调查研究能力是基础，属于领导干部做好各项工作的前提和必备基本功；依法治理能力是保障，体现深化改革、推动发展、化解矛盾、维护稳定、应对风险的内在要求；应急处突能力是底线，既检验领导干部统筹发展与安全的专业水平，又检验领导干部的见识和胆识、定力和魄力；心理调适能力是支撑，为领导干部全力战胜前进道路上各种困难和挑战、稳定发挥其他各项能力提供内源性动力；数字治理能力是重点，是领导干部适应数字时代治理要求、激发治理活力、转化治理效能的关键性保证。这八大能力相辅相成，构成了新时代领导干部必备的履职能力体系。

本书系各分册的作者为中央党校（国家行政学院）、中国社会科学院大学等相关领域权威专家，保证内容的专业性和权威性。书系聚焦领导干部履职能力建设的核心问题，紧贴党中央关于干部队伍建设和干部教育培训要求，针对各级领导干部工作现实需要，侧重能力要求的理论分析和能力建设的方法阐释，既有深入浅出的学理阐释，又有生动透彻的案例解读，辅以知识链接、延伸阅读、深度思考等板块，启发领导干部坚持在干中学、学中干，在阅读和思考中深度共鸣，为加强各级领导干部履职核心能力建设提供实用参考。

时和兴

2022年11月

前　言

意识形态工作处于什么样的地位，具有怎样的作用和意义？对于这样一个重大问题，2013年8月，习近平总书记在全国宣传思想工作会议上明确指出：“经济建设是党的中心工作，意识形态工作是党的一项极端重要的工作。”“只有物质文明建设和精神文明建设都搞好，国家物质力量和精神力量都增强，全国各族人民物质生活和精神生活都改善，中国特色社会主义事业才能顺利向前推进。”①

从党的十八大开始，中国特色社会主义进入新时代，这是我国发展新的历史方位。如何建设具有强大凝聚力和引领力的社会主义意识形态，就成为新时代坚持和发展中国特色社会主义的一个重大理论课题和实践命题，也成为新时代顺利推进党和国家事业发展的一项重大战略目标和战略任务。因此，关于意识形态工作的论述成为习近平新时代中国特色社会主义思想的重要组成部分。

新时代意识形态工作不仅极端重要，需要我们认真做好，而且面临的问题、风险和挑战也不少，需要我们大力强化。例如，在坚持以马克思主义为指导的问题上，马克思主义在有的领域中被“边缘化”“空泛化”“标签化”，存在“失语”“失踪”“失声”等现象，意识形态工作面临思想领域的风险挑战。从内外环境看，“两个大局”交织激荡、深度演进，不确定性因素增多，意识形态工作面临内外环境的风险挑战。从全球化

① 《习近平著作选读》第1卷，人民出版社2023年版，第147页。

进程看，随着经济全球化的展开和深入，文化之争、观念之争、价值之争越发激烈，各种立场、观点相互交锋、争高竞长，意识形态工作面临多元价值、多种社会思潮强烈冲击的风险挑战。从交锋场域看，随着科学技术的发展特别是智媒时代的到来，有害信息渗透风险加剧，意识形态安全面临互联网领域的风险挑战。

新时代赋予新使命，新征程呼唤新作为。妥善应对和化解上述问题、风险和挑战，已经成为新时代领导干部做好意识形态工作必须直面和解答的时代课题。对领导干部来说，进一步做好意识形态工作，不仅是使命之需、职责之需，更是民族之需、时代之需。

新时代做好意识形态工作，领导干部必须不断提升对意识形态的政治领导力、思想引领力、价值感召力、精神锻造力、文化凝聚力、传播影响力，以实际行动和工作成效积极推动意识形态工作取得新突破、新进展、新成效。

本书的任务和目的，就在于为领导干部意识形态能力的提升提供一点参考和帮助。

CONTENTS

目录

引 言

意识形态与意识形态工作

中国共产党一贯重视意识形态工作。党的十九届六中全会通过的《中共中央关于党的百年奋斗重大成就和历史经验的决议》，全面总结了百年来特别是党的十八大以来党在意识形态领域取得的成就和经验，强调必须坚持以人民为中心的工作导向，举旗帜、聚民心、育新人、兴文化、展形象，牢牢掌握意识形态工作领导权，建设具有强大凝聚力和引领力的社会主义意识形态。这些重大论断、重要思想，充分阐明了意识形态工作的极端重要性，同时也为新时代领导干部进一步提高意识形态能力提出了新的更高要求。

一、意识形态概述

何谓“意识形态”？

“意识形态”是一个被人们经常提及，却歧义丛生、莫衷一是的概念。关于“意识形态”概念本身的复杂性和含混性，英国学者大卫·麦克里兰曾说：“意识形态在整个社会科学中是最难把握的概念。”[①]相关研究指出，

① ［英］大卫·麦克里兰：《意识形态》，吉林人民出版社2005年版，第1页。

“不同的解释和界定纷繁多样，至少有200种”[①]。

在现实语境中，“意识形态”一词被广泛应用于理论研究、外交、日常生活等诸多领域。然而，人们不得不面对这样的窘境：关于意识形态的研究讨论越多，人们对这一概念的认识反而越模糊。

从词源学角度看，意识形态一词最早出现于19世纪初。法国哲学家德斯蒂·德·特拉西在《意识形态要素》一书中将其定义为“关于观念的理论”。他尝试建立一整套知识论学说——“观念学”，并“试图为一切观念的产生提供一个真正科学的哲学基础”[②]。“意识形态”最初包含欧洲启蒙运动的一切信心和积极精神，但很快成了一个谩骂的词，它被认为是某种思想观念空洞无物、毫无根据和晦涩诡辩，尽管它所描述的科学应该代表一个最高阶段。[③]当时拿破仑曾讥笑特拉西为“幻想家”，但经过200多年思想史的洗涤，意识形态概念、理论演变为思想史和理论界的重大问题。[④]

马克思在1844年旅居巴黎期间曾经研读特拉西的《意识形态要素》一书，并作了近三十段关于经济学内容的摘录。在《詹姆士·穆勒〈政治经济学原理〉一书摘要》《1844年经济学哲学手稿》《德意志意识形态》中，马克思曾用批判的方式提到特拉西的某些见解。[⑤]有观点认为：“马克思的著作在意识形态概念史中占有中心地位。”[⑥]然而，在马克思主义经典文献《德意志意识形态》中，几乎找不到关于意识形态的明确定义。在《马克思恩格斯文集》中，编者对原德文中的“Ideo-loge”一词作的注释有助于我们理解马克思语境中的意识形态。

---

① 王华：《防范化解意识形态领域重大风险》，国家行政学院出版社2020年版，第22页。
② 俞吾金：《意识意识形态：哲学之谜的解答》，《求是学刊》1993年第1期。
③ 参见[英]约翰·B.汤普森《意识形态与现代文化》，译林出版社2019年版，第29页。
④ 参见辛鸣、唐爱军主编《当代意识形态问题概论》，中共中央党校出版社2021年版，第3页。
⑤ 参见段光鹏《马克思意识形态概念的出场及其展开》，中国社会科学网，http://www.cssn.cn/zx/bwyc/202107/t20210706_5345482.shtml。
⑥ [英]约翰·B.汤普森：《意识形态与现代文化》，译林出版社2019年版，第35页。

“意识形态家”原文为Ideologe，过去曾译“思想家”“玄想家”。Ideologe一词是由Ideologie（意识形态）派生出来的。为了保持这两个词译法的一致性，现将“思想家”“玄想家”改为“意识形态家”。当时以青年黑格尔为主要代表的德国哲学，颠倒意识与存在、思想与现实的关系，以纯思想批判代替反对现存制度的实际斗争。马克思和恩格斯把这种哲学称为“德意志意识形态”，把鼓吹这种哲学的人称为“德意志意识形态家”。①

从这一注释中可以看出，在马克思、恩格斯的思想语境中，“意识形态”概念是包含了思想、理论、观念等在内的某种“意义综合体”。有研究认为，马克思的“意识形态”概念具有两重含义，分别是“意识现象及精神形态”和“思想体系”、“思潮”，在形式逻辑层面，前者为“意识形态之全体”，后者为“意识形态之部分”。②也有观点认为，“直到20世纪初期，随着1927年马克思恩格斯《德意志意识形态》的公开发表和1929年卡尔·曼海姆《意识形态与乌托邦》的出版，意识形态的概念才流行起来，并开始带有强烈的政治色彩。而随着研究的深入和人们认识的深化，意识形态这个概念不断发展和演变，并逐渐成为一个内涵丰富、复杂多变、歧义丛生的概念范畴”③。

对于意识形态的概念界定，国内学界代表性观点有：（1）意识形态是“社会中的人群集合体对社会经济形态和政治制度的反映，它不包括自然科学，是社会意识形式当中排除了自然科学的一种思想体系，所以它带有思想上层建筑的性质”④。（2）意识形态是“占统治地位经济关系、政治

① 《马克思恩格斯文集》第1卷，人民出版社2009年版，第512页。
② 周民锋：《当代中国意识形态观研究》，人民出版社2012年版，第26页。
③ 王永贵等：《经济全球化与我国社会主流意识形态建设研究》，人民出版社2010年版，第12—13页。
④ 邢贲思：《意识形态论》，《中国社会科学》1992年第1期。

关系的思想表现，是国家的思想上层建筑”①。（3）意识形态是“为特定阶级或阶层的政治合法性和思想合法性辩护的关于自身利益或自身存在价值的观点的合理体系”②。（4）“作为观念的上层建筑的意识形态，本质上是集团性话语，是一切文明社会中的任何国家都实际存在的一个必要和重要的社会结构或社会领域，在当代中国，意识形态问题实质上就是党和国家的‘形象’问题，是其能否得到国内民众和国际社会广泛认同的问题”③。（5）“意识形态一般是指包括政治、法律、哲学、宗教、文学、艺术等形式在内的社会的观念或思想的上层建筑，起源于以生产劳动为基础的社会物质生活，本质上是国家现象、集团性话语，实质是阶级意识的思想表达，是对一定社会经济形态以及由经济形态所决定的政治制度的反映，由一定社会的经济基础决定并对经济基础也有着很重要的反作用”④。

从马克思主义的立场观点看，进一步理解和把握“意识形态”的丰富内涵，须把握以下几对关系：

其一，意识形态与社会存在的关系。马克思主义认为，社会存在决定社会意识。意识形态反映的是主体的精神状态、思想观念和立场观点，而主体一定是在特定的社会存在中的主体，必然受到社会存在的深刻影响。在这个意义上，某种特定的意识形态必然是某一特定社会存在的产物。同时，意识形态的主体性，特别是这一主体性包含的反思、批判、超越的属性——人之为人的属性——必然会对社会存在产生反作用，其背后反映的是思维与存在的辩证关系。

其二，意识形态与社会阶级的关系。意识形态作为主体的价值立场和思想倾向，必然带有鲜明的阶级属性。马克思指出，“统治阶级的思想在

---

① 颜晓峰：《新时代如何防范化解意识形态领域重大风险》，《思想理论教育》2021年第1期。

② 夏银平等：《当代意识形态论》，人民出版社2017年版，第19页。

③ 朱继东：《新时期领导干部意识形态能力建设》，人民出版社2014年版，序第1页。

④ 朱继东：《新时代党的意识形态思想研究》，人民出版社2018年版，导言第4页。

每一时代都是占统治地位的思想。这就是说，一个阶级是社会上占统治地位的物质力量，同时也是社会上占统治地位的精神力量”。[①]在马克思看来，无论是哪一个阶级占据统治地位，都会成为生产资料分配以及精神支配的核心力量。正如毛泽东同志在《实践论》中所指出的，“在阶级社会中，每一个人都在一定的阶级地位中生活，各种思想无不打上阶级的烙印”[②]。也正是在这个意义上，有观点认为，“意识形态具有明显的阶级性，本身带有思想上层建筑的性质，它往往能够起到政治上层建筑所不能起到的作用”[③]。

其三，意识形态与社会实践的关系。意识形态作为一种系统化、理论化的思想观念、价值体系，总是与人们的实践活动紧密相关。“实践”概念是马克思主义的核心范畴，也是马克思主义“解释世界”并“改变世界”的关键密钥。马克思主义认为，“社会生活在本质上是实践的”[④]。正是在实践过程中，人类认识世界、改造世界的能力不断拓展，人们的意识形态也随之发生深刻改变。

总体而言，意识形态是人类实践活动的产物和思维活动的外显，是人们对于外部客观自然世界、人类社会、人类自身以及三者关系的系统思考，是思想、观念、价值、信念等的精神集合。同时，需要注意的是，意识形态既包含个体的社会意识，也包含群体的社会意识，也就必然存在多数与少数的区别、主流与支流的区别。“在众多意识形态中，都有一个主流的意识形态，就是特定社会形态中统治阶级所主导的社会意识，它体现的是统治阶级的意志，构成了特定社会上层建筑重要的组成部分，其对于该社会制度的建立与巩固、对于社会秩序的维护、对于社会的稳

① 《马克思恩格斯文集》第1卷，人民出版社2009年版，第550页。
② 《毛泽东选集》第1卷，人民出版社1991年版，第283页。
③ 邢贲思：《意识形态论》，《中国社会科学》1992年第1期。
④ 《马克思恩格斯选集》第1卷，人民出版社2012年版，第139页。

定与完善都起着重要的作用。”① 历史地看，不同民族、国家在不同历史时期，往往具有不同的主流意识形态。因此，意识形态领域向来是各种立场、观念和主张激烈交锋、冲突碰撞的场所。也正因如此，意识形态对一个民族、国家的发展来说至关重要。

二、意识形态工作的极端重要性

党和国家事业发展的每一步都与意识形态工作紧密相关。强有力的意识形态工作为中国共产党团结带领中国人民取得革命、建设、改革事业的伟大成就提供了强大支撑。

党的十八大以来，以习近平同志为核心的党中央高度重视意识形态工作。2013年8月，在全国宣传思想工作会议上，习近平总书记强调指出：“经济建设是党的中心工作，意识形态工作是党的一项极端重要的工作。”② 这里的“极端重要”，充分强调了意识形态工作的重要性，是对意识形态工作地位和作用的新概括、新论断，这一重要论断深刻阐明了意识形态工作在党的工作中的战略性、全局性意义。

在2018年8月召开的全国宣传思想工作会议上，习近平总书记进一步深刻指出：“中国特色社会主义进入新时代，必须把统一思想、凝聚力量作为宣传思想工作的中心环节。”③“建设具有强大凝聚力和引领力的社会主义意识形态，是全党特别是宣传思想战线必须担负起的一个战略任务。”④ 习近平总书记关于意识形态重要论述，标志着我们党对意识形态工作规律的认识达到了新高度，也为我们进一步做好意识形态工作提供了

---

① 种海峰:《科学发展观视域下文化建设思想研究》，人民出版社2020年版，第211页。
② 《习近平谈治国理政》第1卷，外文出版社2018年版，第153页。
③ 《习近平谈治国理政》第3卷，外文出版社2020年版，第311页。
④ 《习近平谈治国理政》第3卷，外文出版社2020年版，第312页。

根本遵循和行动指南。

（一）意识形态工作关乎旗帜

旗帜凝聚奋斗力量，旗帜指引前进方向。旗帜是一个政党的本质特征和根本立场，是一个民族的集体共识和精神标识，是一个国家的整体形象和鲜明主张。无论对于一个政党、一个民族，还是对于一个国家来说，旗帜都至关重要。旗帜是凝心聚力的集结号，是行稳致远的压舱石。

意识形态之所以重要，就在于其具有深刻表征时代并影响时代的本质属性。一方面，特定时代的意识形态总是会以思想观念的形式彰显这一时代的精神。另一方面，作为特定时代的精神，特别是马克思所言的"时代精神的精华"，必然不会仅仅停留在"解释"时代层面，必然会以其反思、批判与超越的方式，不断塑造和引领新的时代。也正是在这个意义上，马克思深刻指出："如果从观念上来考察，那么一定的意识形式的解体足以使整个时代覆灭。"① 马克思对意识形态重要性的论述，基于社会存在与社会意识、经济基础与上层建筑的辩证关系，为我们在认识论和方法论层面理解意识形态工作的重要性和必要性提供了重要参照。

中国共产党自成立之日起，就高度重视旗帜问题，就始终高举马克思主义旗帜，将马克思主义确立为自己的指导思想和行动指南。毛泽东同志曾指出，"主义譬如一面旗子，旗子立起了，大家才有所指望，才知所趋赴"②。正是在马克思主义这一政治旗帜、思想旗帜、行动旗帜的引领下，中国共产党团结带领人民浴血奋战、百折不挠，创造了新民主主义

① 《马克思恩格斯文集》第8卷，人民出版社2009年版，第170页。
② 中共中央文献研究室编《毛泽东著作专题摘编》（下），中央文献出版社2003年版，第1885页。

革命的伟大成就；自力更生、发愤图强，创造了社会主义革命和建设的伟大成就；解放思想、锐意进取，创造了改革开放和社会主义现代化建设的伟大成就；自信自强、守正创新，创造了新时代中国特色社会主义的伟大成就。党和人民百年奋斗，书写了中华民族几千年历史上最恢宏的史诗。[①]这些伟大成就的取得，离不开政治旗帜、思想旗帜、行动旗帜的团结、鼓舞、凝聚和指引。

（二）意识形态工作关乎道路

方向决定道路，道路决定命运。“没有正确的道路，再美好的愿景、再伟大的梦想，都不能实现。”[②]意识形态工作不仅涉及党和国家的思想旗帜和发展方向，更涉及党和国家的发展道路和前途命运。习近平总书记在庆祝中国共产党成立100周年大会上的讲话中指出：“走自己的路，是党的全部理论和实践立足点，更是党百年奋斗得出的历史结论。中国特色社会主义是党和人民历经千辛万苦、付出巨大代价取得的根本成就，是实现中华民族伟大复兴的正确道路。我们坚持和发展中国特色社会主义，推动物质文明、政治文明、精神文明、社会文明、生态文明协调发展，创造了中国式现代化新道路，创造了人类文明新形态。”[③]

正确道路的抉择和开辟来之不易，是一代又一代中国共产党人万众一心、接续奋斗的智慧结晶和实践成果。习近平总书记反复强调，“中国特色社会主义不是从天上掉下来的，而是在改革开放40年的伟大实践中得来的，是在中华人民共和国成立近70年的持续探索中得来的，是在我们

① 参见《中共中央关于党的百年奋斗重大成就和历史经验的决议》，人民出版社2021年版，第1—2页。

② 中共中央宣传部编《习近平总书记系列重要讲话读本》，学习出版社、人民出版社2016年版，第10页。

③ 习近平：《在庆祝中国共产党成立100周年大会上的讲话》，人民出版社2021年版，第13—14页。

党领导人民进行伟大社会革命97年的实践中得来的，是在近代以来中华民族由衰到盛170多年的历史进程中得来的，是对中华文明5000多年的传承发展中得来的，是党和人民历经千辛万苦、付出各种代价取得的宝贵成果。得到这个成果极不容易”①。

众所周知，近代以后，创造了灿烂文明的中华民族遭遇到文明难以赓续的深重危机，呈现在世界面前的是一派衰败凋零的景象。一百年来，党领导人民不懈奋斗、不断进取，成功开辟了实现中华民族伟大复兴的正确道路。中国从四分五裂、一盘散沙到高度统一、民族团结，从积贫积弱、一穷二白到全面小康、繁荣富强，从被动挨打、饱受欺凌到独立自主、坚定自信，仅用几十年时间就走完发达国家几百年走过的工业化历程，创造了经济快速发展和社会长期稳定两大奇迹。今天，中华民族向世界展现的是一派欣欣向荣的气象，巍然屹立于世界东方。②

在正确道路的抉择和开辟过程中，意识形态工作发挥了十分重要的作用。中国特色社会主义道路是根植于中华大地这片沃土，坚持把马克思主义基本原理同中国具体实际相结合、同中华优秀传统文化相结合的实践结晶，是党领导全国各族人民百年砥砺奋进、取得辉煌成就的重要体现，也是党在意识形态领域取得辉煌成就的集中体现。“历史和现实充分证明，无论是封闭僵化的老路，还是改旗易帜的邪路，都是绝路、死路。只有中国特色社会主义道路才能发展中国、稳定中国，这是一条通往复兴梦想的康庄大道、人间正道。”③只要我们坚定不移走中国特色社会主义道路，就一定能够把我国建设成为富强民主文明和谐美丽的社会主义现

---

① 《习近平谈治国理政》第3卷，外文出版社2020年版，第70页。

② 参见《中共中央关于党的百年奋斗重大成就和历史经验的决议》，人民出版社2021年版，第62—63页。

③ 中共中央宣传部编《习近平总书记系列重要讲话读本》，学习出版社、人民出版社2016年版，第10—11页。

代化强国。

中国特色社会主义道路来之不易，坚持这条道路也十分不易，必须坚决筑牢意识形态安全防线。只要我国还坚持走中国特色社会主义道路，来自外部的质疑、曲解，甚至是否定和干扰就可能长期存在，这是由不同的意识形态观所决定的。因此，关键在于如何把握历史主动，掌握主动权、打好主动仗，抢占意识形态制高点，解读好宣传好中国特色社会主义道路的历史逻辑、理论逻辑、实践逻辑，这既是新时代做好意识形态工作的主要内容，也是团结力量、砥砺前行，更好实现中华民族伟大复兴既定目标的根本保证。

（三）意识形态工作关乎国家政治安全

政治安全是国家长治久安的根本要求。只有政治安全，才能保障国家利益，实现党长期执政、国家长治久安和人民安居乐业。一般来说，政治安全包括政权安全、政治制度安全、意识形态安全和政治秩序安全等。其中，意识形态安全尤为重要。一方面，国家政权巩固、国家政治体制延续这两大影响国家政治安全的关键要素，都与意识形态有密不可分的关系。另一方面，意识形态的辩护、凝聚、支持、整合、批判、导向功能，正是政党借以实施社会领导和控制的重要方式之一，对于维护国家政治安全，起着不可或缺的作用。对于当代中国而言，影响我国政治安全的因素有很多，但作为政治安全的主要因素，意识形态安全在维护国家政治安全中具有十分重要的战略地位。①

习近平总书记用“一项极端重要”“三个事关”“三个关乎”强调了意识形态工作在党和国家工作大局中的重要地位和作用，其中就包括意识形态工作对国家政治安全的重要性。他指出：“意识形态工作是党的一项

---

① 参见辛鸣、唐爱军主编《当代意识形态问题概论》，中共中央党校出版社2021年版，第27—28页。

极端重要的工作，是为国家立心、为民族立魂的工作。”[①]“做好意识形态工作，事关党的前途命运，事关国家长治久安，事关民族凝聚力和向心力。”[②]“意识形态关乎旗帜、关乎道路、关乎国家政治安全。”[③]在总结国际历史经验教训的基础上，习近平总书记强调了意识形态风险失控的重大危害。“古人说：‘灭人之国，必先去其史。’国内外敌对势力往往就是拿中国革命史、新中国历史来做文章，竭尽攻击、丑化、污蔑之能事，根本目的就是要搞乱人心，煽动推翻中国共产党的领导和我国社会主义制度。苏联为什么解体？苏共为什么垮台？一个重要原因是意识形态领域的斗争十分激烈，全面否定苏联历史、苏共历史，否定列宁，否定斯大林，搞历史虚无主义，思想搞乱了，各级党组织几乎没任何作用了，军队都不在党的领导之下了。最后，苏联共产党偌大一个党就轰然倒下了，苏联偌大一个社会主义国家就分崩离析了。这是前车之鉴啊！”[④]习近平总书记的这些重要论述，深刻阐明了新时代做好意识形态工作对维护国家政治安全的极端重要性，体现了以习近平同志为核心的党中央对意识形态工作的高度重视、深刻洞察和清醒认知。

作为国家政治安全的灵魂，意识形态在增进民众政治认同、增强社会凝聚力、抵御与瓦解他国意识形态渗透方面有着不可替代的重要作用，因此，必须将意识形态置于极端重要的地位，做好意识形态工作，为我国社会主义现代化建设和实现中华民族伟大复兴提供一个安全、和平、稳定有序的政治环境。[⑤]新时代做好意识形态工作，我们必须坚持和加强党对意识形态工作的全面领导，始终坚持中国特色社会主义制度，始终

① 参见刘从德等《因时循势：多维视域中的思想政治工作》，人民出版社2019年版，第301页。
② 中共中央宣传部编《习近平总书记系列重要讲话读本》，学习出版社、人民出版社2016年版，第193页。
③ 习近平：《论党的宣传思想工作》，中央文献出版社2020年版，第21页。
④ 中共中央宣传部编《习近平总书记系列重要讲话读本》，学习出版社、人民出版社2016年版，第32—33页。
⑤ 参见辛鸣、唐爱军主编《当代意识形态问题概论》，中共中央党校出版社2021年版，第28页。

绷紧意识形态这根弦，牢牢掌握维护政治安全的主动权，不断增强政治敏锐性和政治鉴别力，未雨绸缪、防微杜渐，不断提高防范和抵御政治风险的能力。

三、新时代意识形态工作面临的风险与挑战

2022年7月26日，习近平总书记在省部级主要领导干部专题研讨班开班式上发表的重要讲话中强调指出："谋划和推进党和国家各项工作，必须深入分析国际国内大势，科学把握我们面临的战略机遇和风险挑战。当前，世界百年未有之大变局加速演进，世界之变、时代之变、历史之变的特征更加明显。我国发展面临新的战略机遇、新的战略任务、新的战略阶段、新的战略要求、新的战略环境，需要应对的风险和挑战、需要解决的矛盾和问题比以往更加错综复杂。"① 这些重要论述从全局和战略的高度深刻阐明了我们面临的战略机遇和风险挑战，同时也为新时代做好意识形态工作阐明了话题场和问题域。

新时代意识形态工作面临的风险和挑战体现在多领域、多环节、多方面，准确把握新时代党和国家各项事业面临的风险与挑战是做好新时代意识形态工作的基础和前提。

（一）意识形态工作面临"失语""失踪""失声"等思想领域的风险挑战

新时代做好意识形态工作，需要哲学社会科学更好发挥作用。2016年5月，在哲学社会科学工作座谈会上，习近平总书记指出："观察当代中

① 《高举中国特色社会主义伟大旗帜　奋力谱写全面建设社会主义现代化国家崭新篇章》，《人民日报》2022年7月28日。

国哲学社会科学，需要有一个宽广的视角，需要放到世界和我国发展大历史中去看。人类社会每一次重大跃进，人类文明每一次重大发展，都离不开哲学社会科学的知识变革和思想先导。”[①]“新形势下，我国哲学社会科学地位更加重要、任务更加繁重。面对社会思想观念和价值取向日趋活跃、主流和非主流同时并存、社会思潮纷纭激荡的新形势，如何巩固马克思主义在意识形态领域的指导地位，培育和践行社会主义核心价值观，巩固全党全国各族人民团结奋斗的共同思想基础，迫切需要哲学社会科学更好发挥作用。”[②]“坚持以马克思主义为指导，是当代中国哲学社会科学区别于其他哲学社会科学的根本标志，必须旗帜鲜明加以坚持。”[③]“马克思主义中国化取得了重大成果，但还远未结束。我国哲学社会科学的一项重要任务就是继续推进马克思主义中国化、时代化、大众化，继续发展21世纪马克思主义、当代中国马克思主义。”[④]这些重要论述，为进一步发挥哲学社会科学的作用、做好新时代意识形态工作，提供了重要遵循。

在坚持以马克思主义为指导的问题上，在一些领域、一些人群中，还存在政治观念不强、政治意识淡薄，对意识形态敏感度不够，对意识形态工作重视度不足，意识形态工作能力有待提升等风险挑战。针对当前在意识形态领域存在的突出问题，特别是在指导思想方面存在的突出问题，习近平总书记深刻指出：“在对待坚持以马克思主义为指导问题上，绝大部分同志认识是清醒的、态度是坚定的。同时，也有一些同志对马克思主义理解不深、理解不透，在运用马克思主义立场、观点、方法上功力不足、高水平成果不多，在建设以马克思主义为指导的学科体系、

① 习近平：《在哲学社会科学工作座谈会上的讲话》，人民出版社2016年版，第3页。
② 习近平：《在哲学社会科学工作座谈会上的讲话》，人民出版社2016年版，第6页。
③ 习近平：《在哲学社会科学工作座谈会上的讲话》，人民出版社2016年版，第8页。
④ 习近平：《在哲学社会科学工作座谈会上的讲话》，人民出版社2016年版，第9—10页。

学术体系、话语体系上功力不足、高水平成果不多。社会上也存在一些模糊甚至错误的认识。有的认为马克思主义已经过时，中国现在搞的不是马克思主义；有的说马克思主义只是一种意识形态说教，没有学术上的学理性和系统性。实际工作中，在有的领域中马克思主义被边缘化、空泛化、标签化，在一些学科中‘失语’、教材中‘失踪’、论坛上‘失声’。这种状况必须引起我们高度重视。”[①]

意识形态关乎党和国家事业的稳定发展、长治久安。新时代做好意识形态工作，不仅是哲学社会科学工作的重中之重，也是广大党员领导干部必须引起足够重视的重大理论和现实问题。新时代坚持和发展马克思主义，必须始终高举中国特色社会主义伟大旗帜，把思想和行动统一到习近平新时代中国特色社会主义思想上来。我们要进一步深刻认识“两个确立”的决定性意义，只争朝夕、勇毅向前，奋力续写中国特色社会主义伟大事业历史新篇章。

（二）意识形态工作面临内外环境不确定性因素增多的风险挑战

从国内看，我们越来越接近中华民族伟大复兴的目标，越来越有信心和能力实现这个目标，但我们所面临的风险挑战也前所未有。特别是随着改革进入攻坚期、深水区，“容易的、皆大欢喜的改革已经完成了，好吃的肉都吃掉了，剩下的都是难啃的硬骨头。这就要求我们胆子要大、步子要稳。胆子要大，就是改革再难也要向前推进，敢于担当，敢于啃硬骨头，敢于涉险滩。步子要稳，就是方向一定要准，行驶一定要稳，尤其是不能犯颠覆性错误”[②]。越是在各种矛盾和问题叠加交织、集中频发的关键时期，越是要有这种勇气、定力和智慧。

① 习近平：《在哲学社会科学工作座谈会上的讲话》，人民出版社2016年版，第10页。
② 《习近平谈治国理政》第1卷，外文出版社2018年版，第101页。

从外部看，近年来，世界百年未有之大变局正在加速演进，人类社会正面临前所未有的风险和挑战。在意识形态领域，世界范围内的思想观念之争、价值理念之争更为频繁，意识形态渗透与反渗透的斗争更为复杂，西方一些势力对中国发展壮大的误解、歪曲等更为尖锐，这些都给新时代意识形态工作带来了更多复杂性和不确定性，带来了更多风险和挑战。

从“两个大局”交织激荡、深度演进的角度来看，“进入21世纪后，尤其是金融危机之后，东升西降的趋势加速演进，我国对经济增长的贡献超过30%。全球治理体系不断变革，中国在世界经济、政治、安全、生态等方面做出越来越大的‘中国贡献’，贡献出越来越多的‘中国智慧’，西方垄断态势正在被打破”①。“中国发展的巨大成就，尤其是在抗击新冠肺炎疫情中取得的巨大胜利，在关键历史时期生动形象地在世界舞台上展现出中国特色社会主义的制度优势，展现出中国共产党的领导优势，展现出不同于西方模式的道路优势，也展现出社会主义意识形态在人生观、价值观、道德观上的理论优势。”② 在多重历史机遇期叠加的背景下，胸怀“两个大局”、着眼“两个大局”、统筹“两个大局”，是新时代做好意识形态工作的出发点和落脚点。

（三）意识形态工作面临多元价值、多种社会思潮强烈冲击的风险挑战

随着经济全球化的发展，世界政治经济秩序正处于大调整、大变革时期。全球化进程似乎势不可当，与之相伴随的，既有世界范围内各种思想文化交流、交融、交锋越发频繁，也有逆全球化思潮的暗潮涌

---

① 辛鸣、唐爱军主编《当代意识形态问题概论》，中共中央党校出版社2021年版，第48页。
② 辛鸣、唐爱军主编《当代意识形态问题概论》，中共中央党校出版社2021年版，第48—49页。

动。特别是近年来世界范围内暴发的新冠疫情，给当前的世界之变、时代之变、历史之变增加了更多不确定性。有研究指出，“21世纪，在全球化愈演愈烈的形势下，各种意识形态都要面临不同的挑战，回答不同的问题，展现不同的发展前景；全球化为意识形态的转型与重构创设了时代平台，各种意识形态在相互对立、相互渗透、相互碰撞中推动着全球化的发展，改变着世界的政治经济格局，实现历史的发展和社会的进步”[①]。

有观点认为，随着全球化进程的展开和深入，意识形态似乎终将被“终结”。针对这种“意识形态终结论”，有研究指出，“全球化时代，意识形态远没有‘终结’。只要国家还存在、阶级还存在、政党还存在，人类的意识形态就不可能消亡。但是，不可否认的是全球化时代，意识形态的内容与存在形式会随着社会经济政治的发展而变化，不同意识形态之间斗争的方式方法也在悄然改变”[②]。

从全球化进程的现实影响看，国内错误思潮、观点和国际敌对势力对中国的不良影响和恶意抹黑，增加了意识形态领域的风险和挑战。2016年10月，在党的十八届六中全会第二次全体会议上，习近平总书记指出：“意识形态领域也很不平静。在国内，一些错误思潮和观点不时出现，有的人以‘反思改革’为名否定改革开放，有的人借口现实中存在的问题攻击我们党的领导和我国社会主义制度，有的人极力歪曲、丑化、否定我们的党、我们的国家、我们的军队和我国革命、建设、改革的伟大实践，有的人大肆宣扬西方的价值观，有的人恶意编造、肆意传播政治谣言。国际上，西方敌对势力一直把我国发展壮大视为对西方价值观和制度模式的威胁，一刻也没有停止对我国进行意识形态渗透，千方百计利

① 夏银平等：《当代意识形态论》，人民出版社2017年版，第38页。
② 夏银平等：《当代意识形态论》，人民出版社2017年版，第39页。

用一些热点难点问题进行炒作，煽动基层群众对党委和政府的不满，挑动党群干群对立情绪，企图把人心搞乱。”[①]

2015年12月，习近平总书记在全国党校工作会议上指出：“国内外各种敌对势力，总是企图让我们党改旗易帜、改名换姓，其要害就是企图让我们丢掉对马克思主义的信仰，丢掉对社会主义、共产主义的信念。而我们有些人甚至党内有的同志却没有看清这里面暗藏的玄机，认为西方‘普世价值’经过了几百年，为什么不能认同？西方一些政治话语为什么不能借用？接受了我们也不会有什么大的损失，为什么非要拧着来？有的人奉西方理论、西方话语为金科玉律，不知不觉成了西方资本主义意识形态的吹鼓手。”[②]有研究指出：“一段时间以来，‘中国威胁论’‘中国强硬论’‘中国傲慢论’‘中国掠夺论’‘中国不负责任论’‘中国搭便车论’‘中国崩溃论’等论调不绝于耳，对中国政治、经济、文化、社会、生态文明建设的误解和偏见更是屡见不鲜。”“在这种情况下，信息如何传递、形象如何塑造、价值如何表达，对于一个正在崛起的国家来说至关重要。”[③]这些风险挑战，必须予以高度重视。

（四）意识形态安全面临互联网领域的风险挑战

科学技术的发展特别是信息技术的发展使意识形态的交锋场域发生了复杂深刻变化。尤其是在“人人都有麦克风”“人人都是通讯员”的智媒时代，互联网日益成为意识形态斗争的主阵地、主战场、最前沿，过不了互联网这一关，就过不了长期执政这一关。要坚持正能量是总要求、管得住是硬道理，把握好安全和发展、自由和秩序、开放和自主、管理和服务的辩证关系，坚决打赢网络意识形态斗争，使互联网这个最大变

① 《习近平关于社会主义文化建设论述摘编》，中央文献出版社2017年版，第52—53页。
② 习近平：《在全国党校工作会议上的讲话》，人民出版社2016年版，第8页。
③ 李宗建：《党的十八大以来习近平意识形态工作新思想》，《社会主义研究》2016年第2期。

量变成事业发展的最大增量。[①]

习近平总书记在2013年全国宣传思想工作会议上指出："互联网已经成为舆论斗争的主战场。有同志讲，互联网是我们面临的'最大变量'，搞不好会成为我们的'心头之患'。西方反华势力一直妄图利用互联网'扳倒中国'，多年前有西方政要就声称'有了互联网，对付中国就有了办法'，'社会主义国家投入西方怀抱，将从互联网开始'。从美国的'棱镜'、'X—关键得分'等监控计划看，他们的互联网活动能量和规模远远超出了世人想象。在互联网这个战场上，我们能否顶得住、打得赢，直接关系我国意识形态安全和政权安全。"[②]我们必须提高政治站位，从党和国家意识形态安全和政权安全的高度，深刻把握意识形态主阵地、主战场、最前沿的重大意义、丰富内涵和实践要求，进一步增强大局观念、阵地意识、网络能力，科学认识和把握网络发展规律、信息传播规律，切实提高用网治网水平，使互联网这个最大变量成为党和国家事业发展的最大增量。

妥善应对上述风险、积极化解各类挑战，已经成为新时代领导干部做好意识形态工作必须直面和解答的时代课题。对领导干部来说，新时代进一步做好意识形态工作，必须增强政治自觉、思想自觉、行动自觉，不断提升意识形态的政治领导力、思想引领力、价值感召力、精神锻造力、文化凝聚力、传播影响力，以实际行动和工作成效积极推动意识形态工作取得新进展、新成效。

---

① 参见中共中央党校（国家行政学院）《习近平新时代中国特色社会主义思想基本问题》，中共中央党校出版社、人民出版社2020年版，第274页。

② 《习近平关于社会主义文化建设论述摘编》，中央文献出版社2017年版，第28—29页。

第一章 提升对意识形态的政治领导力

意识形态是凝心聚力之根本，立党立国之根基，事关举什么样的旗帜、确立什么样的制度、坚持什么样的理论、走什么样的道路、以什么样的精神状态、实现什么样的奋斗目标等一系列关乎党和国家前途命运的重大理论和现实问题。面临新时代的新机遇、新挑战，做好意识形态工作必须进一步坚持和加强党对意识形态工作的全面领导，进一步提升对意识形态的政治领导力。

一、牢牢掌握意识形态工作领导权、管理权、话语权

建设具有强大凝聚力和引领力的社会主义意识形态，是新时代坚持和发展中国特色社会主义的一个重大理论课题和实践命题，也是新时代顺利推进党和国家事业发展的一项重大战略目标和战略任务。牢牢掌握意识形态工作的领导权、管理权、话语权，是建设具有强大凝聚力和引领力的社会主义意识形态的基础和前提，也是确保中国共产党不变质、不变色、不变味，顺利实现中华民族伟大复兴的关键所在。

在当代中国，意识形态工作的领导权、管理权、话

语权是紧密相关、内在统一的有机整体，三者深深根植于中国特色社会主义伟大实践之中。新时代做好意识形态工作，必须进一步坚持和加强党对意识形态工作的全面领导，牢牢把握意识形态工作的领导权、管理权、话语权，增强主动性、掌握主动权、唱响主旋律、打好主动仗。

（一）牢牢掌握意识形态工作领导权

2018年8月21日，习近平总书记在全国宣传思想工作会议上强调，要始终坚持党对意识形态工作的领导权，建设具有强大凝聚力和引领力的社会主义意识形态。习近平总书记指出："要加强党对宣传思想工作的全面领导，旗帜鲜明坚持党管宣传、党管意识形态。"[①]对领导干部来说，在进行伟大斗争、建设伟大工程、推进伟大事业、实现伟大梦想的新征程中，必须把意识形态工作摆在更加重要的地位，坚持和加强党对意识形态工作的全面领导。

牢牢掌握意识形态领导权，进一步坚持和加强党对意识形态工作的全面领导，是由我们党和国家的根本性质决定的，是党在长期实践中形成的重要原则和根本制度，是中国特色社会主义最本质特征和中国特色社会主义制度的最大优势在意识形态领域的重要体现。

第一，从历史维度看，牢牢掌握意识形态领导

理论链接

我们在集中精力进行经济建设的同时，一刻也不能放松和削弱意识形态工作。在这方面，我们有过深刻教训。一个政权的瓦解往往是从思想领域开始的，政治动荡、政权更迭可能在一夜之间发生，但思想演化是个长期过程。思想防线被攻破了，其他防线就很难守住。我们必须把意识形态工作的领导权、管理权、话语权牢牢掌握在手中，任何时候都不能旁落，否则就要犯无可挽回的历史性错误。

——习近平：在全国宣传思想工作会议上的讲话（2013年8月19日）

① 《习近平谈治国理政》第3卷，外文出版社2020年版，第314页。

权，是中国共产党在长期执政过程中积累的宝贵经验，也是党团结带领全国各族人民攻坚克难、砥砺前行，克服一个个困难、获得一个个成功、取得辉煌成就的重要法宝。无论是新民主主义革命时期，还是社会主义革命和建设时期，无论是改革开放和社会主义现代化建设时期，还是中国特色社会主义新时代，中国共产党团结带领全国各族人民取得的每一项重要进展、重大成就，都离不开意识形态的重要支撑，离不开意识形态工作的有力保障。

高度重视意识形态工作，是我们党一以贯之的优良传统，也是我们党执政兴国的一大优势。毛泽东同志在总结中国革命胜利经验时曾说："共产党是要左手拿宣传单，右手拿枪弹，才可以打倒敌人。"①1962年，毛泽东同志在党的八届十中全会上指出："凡是要推翻一个政权，总要先造成舆论，总要先做意识形态方面的工作。革命的阶级是这样，反革命的阶级也是这样。"②邓小平同志指出："拿笔杆是实行领导的主要方法。领导同志要学会拿笔杆。"③"不懂得用笔杆子，这个领导本身就是很有缺陷的。"④江泽民同志强调："历史经验反复证明，舆论导向正确与否，对于我们党的成长和壮大，对于人民政权的建立和巩固，对于人民的团结和国家的繁荣富强，具有重要作用。舆论导向正确，是党和人民之福；舆论导向错误，是党和人民之祸。"⑤胡锦涛同志指出："舆论引导正确，利党利国利民；舆论引导错误，误党误国误民。"⑥

党的十八大以来，以习近平同志为核心的党中央就意识形态领域的许多方向性、战略性问题作出部署，从根本上扭转了意识形态领域一度

① 井冈山革命博物馆编《井冈山革命根据地》上册，中共党史资料出版社1987年版，第192页。
② 《建国以来毛泽东文稿》第10卷，中央文献出版社1996年版，第194页。
③ 《邓小平文选》第1卷，人民出版社1994年版，第145页。
④ 《邓小平文选》第1卷，人民出版社1994年版，第145—146页。
⑤ 《江泽民文选》第1卷，人民出版社2006年版，第563—564页。
⑥ 胡锦涛：《在人民日报社考察工作时的讲话》（2008年6月20日），人民出版社2008年版，第4页。

出现的被动局面，使我国意识形态领域形势发生了全局性、根本性的转变，巩固和发展了主流意识形态。[①]全党全国各族人民文化自信明显增强，全社会凝聚力和向心力极大提升，为新时代开创党和国家事业新局面提供了坚强思想保证和强大精神力量。同时要看到，意识形态领域仍不平静，斗争和较量有时十分尖锐。

第二，从理论维度看，牢牢掌握意识形态领导权，需要在理论层面进一步深化对意识形态的本质、规律、内涵、特点等相关内容的深刻把握。意识形态领导权的相关问题一直是当代学术研究的热点。意大利共产党创始人之一、20世纪著名马克思主义理论家安东尼奥·葛兰西，后马克思主义的代表人物厄尼斯特·拉克劳、尚塔尔·墨菲等都在一定程度上继承并发展了马克思的意识形态思想。葛兰西通过剖析西欧社会无产阶级失败的原因，认为应该先夺取意识形态领导权，再夺取政权。拉克劳和墨菲在继承葛兰西意识形态领导权理论的基础上提出话语领导权，试图用多元激进民主策略来实现社会主义目标。这些理论从不同侧面展示了牢牢掌握意识形态领导权的极端重要性。

第三，从实践维度看，牢牢掌握意识形态领导

① 参见中共中央宣传部编《习近平新时代中国特色社会主义思想学习纲要》，学习出版社、人民出版社2019年版，第140页。

理论链接

我讲过，中国有了中国共产党执政，是中国、中国人民、中华民族的一大幸事。只要我们深入了解中国近代史、中国现代史、中国革命史，就不难发现，如果没有中国共产党领导，我们的国家、我们的民族不可能取得今天这样的成就，也不可能具有今天这样的国际地位。在坚持党的领导这个重大原则问题上，我们脑子要特别清醒、眼睛要特别明亮、立场要特别坚定，绝不能有任何含糊和动摇。

——习近平：在全国党校工作会议上的讲话（2015年12月11日）

理论链接

意识形态工作是为国家立心、为民族立魂的工作。牢牢掌握党对意识形态工作领导权，全面落实意识形态工作责任制，巩固壮大奋进新时代的主流思想舆论。健全用党的创新理论武装全党、教育人民、指导实践工作体系。深入实施马克思主义理论研究和建设工程，加快构建中国特色哲学社会科学学科体系、学术体系、话语体系，培育壮大哲学社会科学人才队伍。加强全媒体传播体系建设，塑造主流舆论新格局。健全网络综合治理体系，推动形成良好网络生态。

——习近平：在中国共产党第二十次全国代表大会上的报告（2022年10月16日）

理论链接

在实践中，我们不断深化对宣传思想工作的规律性认识，提出了一系列新思想新观点新论断，这就是坚持党对意识形态工作的领导权，坚持思想工作"两个巩固"的根本任务，坚持用新时代中国特色社会主义思想武装全党、教育人民，坚持培育和践行社会主义核心价值观，坚持文化自信是更基础、更广泛、更深厚的自信，是更基本、更深沉、更持久的力量，坚持提高新闻舆论传播力、引导力、影响力、公信力，坚持以人民为中心的创作导向，坚持营造风清气正的网络空间，坚持讲好中国故事、传播好中国声音。这些重要思想，是做好宣传思想工作的根本遵循，必须长期坚持、不断发展。

——习近平：在全国宣传思想工作会议上的讲话（2018年8月21日）

权，就是牢牢掌握主动权。意识形态领导权不仅是一个重要的理论问题，更是一个极其复杂的社会现实问题。对领导干部来说，要在工作中充分体现党管宣传、党管意识形态的原则，牢牢把握意识形态工作领导权、主动权，准确理解和把握意识形态工作的重要性、复杂性、紧迫性，不断增强政治意识、大局意识、核心意识、看齐意识，把领导权落实和体现在意识形态工作的各领域、各环节、各方面。

新时代以来，党和国家事业取得历史性成就、发生历史性变革，意识形态工作取得重要进展和重大成就。"我们确立和坚持马克思主义在意识形态领域指导地位的根本制度，新时代党的创新理论深入人心，社会主义核心价值观广泛传播，中华优秀传统文化得到创造性转化、创新性发展，文化事业日益繁荣，网络生态持续向好，意识形态领域形势发生全局性、根本性转变。"①

对领导干部来说，要明确牢牢掌握意识形态领导权的历史背景、现实意义、丰富内涵及实践要求，强化意识形态工作责任制，切实担负起政治责任和领导责任，切实把这份责任牢牢抓在手上、记在心里、体现到行动上、落实到工作中。

① 习近平：《高举中国特色社会主义伟大旗帜　为全面建设社会主义现代化国家而团结奋斗——在中国共产党第二十次全国代表大会上的报告》，人民出版社2022年版，第10页。

延伸阅读

改革开放以后，党坚持物质文明和精神文明两手抓、两手硬，推动社会主义文化繁荣发展，振奋了民族精神，凝聚了民族力量。同时，拜金主义、享乐主义、极端个人主义和历史虚无主义等错误思潮不时出现，网络舆论乱象丛生，一些领导干部政治立场模糊、缺乏斗争精神，严重影响人们思想和社会舆论环境。党准确把握世界范围内思想文化相互激荡、我国社会思想观念深刻变化的趋势，强调意识形态工作是为国家立心、为民族立魂的工作，文化自信是更基础、更广泛、更深厚的自信，是一个国家、一个民族发展中最基本、最深沉、最持久的力量，没有高度文化自信、没有文化繁荣兴盛就没有中华民族伟大复兴。必须坚持以人民为中心的工作导向，举旗帜、聚民心、育新人、兴文化、展形象，牢牢掌握意识形态工作领导权，建设具有强大凝聚力和引领力的社会主义意识形态，建设社会主义文化强国，激发全民族文化创新创造活力，更好构筑中国精神、中国价值、中国力量，巩固全党全国各族人民团结奋斗的共同思想基础。[①]

（二）牢牢掌握意识形态工作管理权

意识形态工作管理权是意识形态领导权与话语权的具体实现方式，只有扎实推进意识形态管理实践，才能提升其领导力与话语权。有研究指出，意识形态管理权主要指特定的政党组织或社会集团发挥计划、组织、指挥、协调和控制的方法手段，对具有意识形态属性的人、事、物进行

① 《中共中央关于党的百年奋斗重大成就和历史经验的决议》，人民出版社2021年版，第43—44页。

资源整合和系统管理，以实现主导意识形态、引领社会发展的动态创造性活动过程。[①]新时代做好意识形态工作，必须牢牢掌握意识形态工作的管理权，做到“守土有责、守土负责、守土尽责”[②]。

一是要强化责任意识，明确意识形态管理责任。意识形态管理并不是某一条块、某一部门、某一单位或某些人员的工作，做好意识形态工作是全党全国全社会、各地区各部门各方面的共同责任。习近平总书记指出：“做好宣传思想工作仅靠宣传思想部门是不够的，必须全党动手。”[③]“党委主要负责同志要带头抓意识形态工作，带头阅看本地区本部门主要媒体的内容，带头把住本地区本部门媒体的导向，带头批评错误观点和错误倾向。”[④]各级党委（党组）要强化责任意识，坚持和加强党对意识形态领域的全面管理、依法管理、科学管理、有效管理。

为了进一步明确和落实各级党委（党组）领导班子、领导干部的意识形态工作责任，2015年10月中共中央办公厅印发了《党委（党组）意识形态工作责任制实施办法》，其中明确规定：“按照属地管理、分级负责和谁主管谁负责的原则，各级党委（党组）领导班子对本地区本部门本单位意识形态工作负主体责任。”“各级党委（党组）应当把意识形态工作作为党的建设和政权建设的重要内容，纳入重要议事日程，纳入党建工作责任制，纳入领导班子、领导干部目标管理，与经济建设、政治建设、文化建设、社会建设、生态文明建设和党的建设工作紧密结合，一同部署、一同落实、一同检查、一同考核。”

二是要强化阵地意识，加强阵地管理。这里的阵地，是指意识形态阵地，主要包括：各类新闻媒体和网络媒体，各类出版物和文艺作品，各

① 参见雷洋、王正宇《意识形态领导权、管理权和话语权学理逻辑探析》，《新闻爱好者》2020年第10期。
② 《习近平关于社会主义文化建设论述摘编》，中央文献出版社2017年版，第32页。
③ 《习近平关于社会主义文化建设论述摘编》，中央文献出版社2017年版，第32—33页。
④ 《习近平关于社会主义文化建设论述摘编》，中央文献出版社2017年版，第33页。

类社科研究机构和思想文化类学会协会等社团，高等学校、中小学、职业学校和民办学校，党校、行政学院、干部学院和社会主义学院，报告研讨会、讲座论坛，各类演艺场所、博物馆、陈列馆、展览馆，等等。

阵地是意识形态工作的基本依托。要想牢牢掌握意识形态管理权，就一定要强化阵地意识、加强阵地管理。无论是有形的阵地（各类媒体、社团、学校等），还是无形的阵地（各类报告研讨会、讲座论坛等），都不能给错误思想观点提供传播渠道，都要做到可管可控。

关于意识形态阵地管理，习近平总书记强调指出："要压实压紧各级党委（党组）责任，做到任务落实不马虎、阵地管理不懈怠、责任追究不含糊。"①原则是谁主管谁主办和属地管理。

对于"阵地管理不懈怠"，习近平总书记在不同场合都有过全面系统论述。比如，关于网络阵地，强调"要提高网络综合治理能力，形成党委领导、政府管理、企业履责、社会监督、网民自律等多主体参与，经济、法律、技术等多种手段相结合的综合治网格局"②，"营造一个风清气正的网络空间"③。关于高校阵地，习近平总书记强调，"高校是意识形

① 《习近平谈治国理政》第3卷，外文出版社2020年版，第313页。
② 《习近平谈治国理政》第3卷，外文出版社2020年版，第306页。
③ 《习近平关于社会主义文化建设论述摘编》，中央文献出版社2017年版，第50页。

理论链接

我们的同志一定要增强阵地意识。宣传思想阵地，我们不去占领，人家就会去占领。我看，思想舆论领域大致有三个地带。第一个是红色地带，主要是主流媒体和网上正面力量构成的，这是我们的主阵地，一定要守住，决不能丢了。第二个是黑色地带，主要是网上和社会上一些负面言论构成的，还包括各种敌对势力制造的舆论，这不是主流，但其影响不可低估。第三个是灰色地带，处于红色地带和黑色地带之间。对不同地带，要采取不同策略。对红色地带，要巩固和拓展，不断扩大其社会影响。对黑色地带，要勇于进入，钻进铁扇公主肚子里斗，逐步推动其改变颜色。对灰色地带，要大规模开展工作，加快使其转化为红色地带，防止其向黑色地带蜕变。这些工作，要抓紧做起来，坚持下去，必然会取得成效。

——习近平：在全国宣传思想工作会议上的讲话（2013年8月19日）

态工作的前沿阵地”，高校“党委要抓好政治领导和思想领导。政治领导，就是要保证高校正确办学方向，保证党的领导在高校工作中全面发挥作用；思想领导，就是要掌握高校思想政治工作主导权，巩固马克思主义在高校意识形态的主导地位，用科学理论培养人，用正确思想引导人，保证高校始终成为培养社会主义事业建设者和接班人的坚强阵地”[①]。关于社科理论阵地，习近平总书记强调，“党校、干部学院、社会科学院、高校、理论学习中心组等都要把马克思主义作为必修课，成为马克思主义学习、研究、宣传的重要阵地”[②]。关于新闻舆论阵地，习近平总书记强调，“党的新闻舆论工作是党的工作的重要组成部分，各级党委要自觉承担起政治责任和领导责任，主动谋划本地区本部门新闻舆论工作”[③]。关于文艺阵地，习近平总书记强调，“实现‘两个一百年’奋斗目标、实现中华民族伟大复兴的中国梦是长期而艰巨的伟大事业。伟大事业需要伟大精神。实现这个伟大事业，文艺的作用不可替代，文艺工作者大有可为。广大文艺工作者要从这样的高度认识文艺的地位和作用，认识自己所担负的历史使命和责任”[④]，强调“要重视文艺阵地建设和管理，坚持守土有责，绝不给有害的文艺作品提供传播渠道”[⑤]，等等。这些重要论述，对于在意识形态工作中强化阵地意识、加强阵地管理具有重要指导意义。

三是要强化导向意识，管好方向，把好导向。方向清则思路明，导向清则动力足。管好方向，把好导向，是党委（党组）抓意识形态工作的第一位责任。要把好导向，就必须旗帜鲜明讲政治、讲党性。“坚持党性，核心就是坚持正确政治方向，站稳政治立场，坚定宣传党的理论和路线

---

① 《习近平关于社会主义文化建设论述摘编》，中央文献出版社2017年版，第55—56页。
② 《习近平谈治国理政》第1卷，外文出版社2018年版，第154页。
③ 《习近平关于社会主义文化建设论述摘编》，中央文献出版社2017年版，第49页。
④ 《习近平关于社会主义文化建设论述摘编》，中央文献出版社2017年版，第153页。
⑤ 《习近平关于社会主义文化建设论述摘编》，中央文献出版社2017年版，第168页。

方针政策，坚定宣传中央重大工作部署，坚定宣传中央关于形势的重大分析判断，坚决同党中央保持高度一致，坚决维护中央权威。”[1]要弘扬主旋律，传播正能量，坚持团结稳定鼓劲、正面宣传为主，巩固壮大主流思想舆论。要善于创新方式方法，针对不同场合、面对不同群体、根据不同条件，要善于把握规律、把握时机、把握方法，以喜闻乐见的方式，做好意识形态工作。

（三）牢牢掌握意识形态工作话语权

话语是思想外化的直接体现，是观念传递的现实表达。掌握意识形态工作话语权是进一步增强意识工作领导权、管理权的客观要求和现实需要。牢牢掌握意识形态工作话语权，就是要进一步巩固马克思主义在意识形态领域的指导地位，巩固全党全国各族人民团结奋斗的共同思想基础，抢占制高点、掌握主动权，筑牢根基、固本培元、守正创新，维护意识形态安全的屏障，加强传播手段和话语方式创新，让党的创新理论“飞入寻常百姓家”，让党的声音传得更开、传得更广、传得更深入。

第一，牢牢掌握意识形态工作的话语权，必须坚持和发展马克思主义。马克思主义是我们立党立国的根本指导思想，是我们党的灵魂和旗帜。在意识形态领域，巩固马克思主义的指导地位，是做好

理论链接

我一直在思考一个问题，这就是：我们中国共产党人能不能打仗，新中国的成立已经说明了；我们中国共产党人能不能搞建设搞发展，改革开放的推进也已经说明了；但是，我们中国共产党人能不能在日益复杂的国际国内环境下坚持住党的领导、坚持和发展中国特色社会主义，这个还需要我们一代一代共产党人继续作出回答。

做好意识形态工作，做好宣传思想工作，要放到这个大背景下来认识。全党同志特别是党的各级领导干部必须按照中央要求扎扎实实做好意识形态工作。

——习近平：在全国宣传思想工作会议上的讲话（2013年8月19日）

---

① 《习近平谈治国理政》第1卷，外文出版社2018年版，第154页。

意识形态工作的核心和关键，也是牢牢掌握意识形态话语权的应有之义。党的二十大报告指出："马克思主义是我们立党立国、兴党兴国的根本指导思想。实践告诉我们，中国共产党为什么能，中国特色社会主义为什么好，归根到底是马克思主义行，是中国化时代化的马克思主义行。拥有马克思主义科学理论指导是我们党坚定信仰信念、把握历史主动的根本所在。"[①]新时代做好意识形态工作，必须进一步用马克思主义观察时代、把握时代、引领时代，继续发展当代中国马克思主义、21世纪马克思主义。

第二，牢牢掌握意识形态工作的话语权，必须加快构建中国特色话语体系。话语体系是以思维活动为内在基础、以语言文字为外在表现、以交往互动为交流载体的观念系统、符号系统、传播系统。新时代中国特色话语体系是新时代理论与实践的凝练概括，也是把握时代发展、解答时代课题的集中表达。新时代中国特色话语体系的丰富内涵至少包括以概念为基础的思想体系、以观念为核心的理论体系、以理念为导向的价值体系。新时代中国特色话语体系的构建，必须要突出时代性特征，通过透析时代精神、紧扣时代脉搏、回应时代关切、把握时代方向、引领时代发展，进而彰显话语的时代性品格，以及其作为时代精神不断引领实践的现实意义。构建新时代中国特色话语体系是一个循序渐进的实践过程，也是一项任务繁重的系统工程。习近平总书记提出的"立足中国、借鉴国外，挖掘历史、把握当代，关怀人类、面向未来"的原则和思路，为进一步构建新时代中国特色话语体系提供了重要的理论参照和实践指引。[②]

第三，牢牢掌握意识形态工作的话语权，必须加强对外传播能力建

① 习近平：《高举中国特色社会主义伟大旗帜　为全面建设社会主义现代化国家而团结奋斗——在中国共产党第二十次全国代表大会上的报告》，人民出版社2022年版，第16页。

② 参见陈少雷、陈家喜《构建新时代中国话语体系：内涵、原则与路径》，《中国浦东干部学院学报》2019年第2期。

设，讲好中国故事。习近平总书记指出，“在解读中国实践、构建中国理论上，我们应该最有发言权，但实际上我国哲学社会科学在国际上的声音还比较小，还处于有理说不出、说了传不开的境地”[①]。要改变这种境地，必须加强思想供给——敢于发声、积极发声；必须善于总结提炼——用中国理论阐释中国实践，用中国实践升华中国理论，打造融通中外的新概念、新范畴、新表述；必须加强对外交流——引导国际学术界展开研究和讨论，加强国内外智库交流，推动海外中国学研究，扶持面向国外推介高水平研究成果等；必须完善传播媒介——打造具有国际影响力的媒体集群；必须提升国际话语权——加大传播力度，讲好中国故事，传播好中国声音，展示真实、立体、全面的中国，形成同我国综合国力和国际地位相匹配的国际话语权。

二、提高对意识形态的政治判断力、政治领悟力、政治执行力

旗帜鲜明讲政治，既是马克思主义政党的鲜明特征，也是我们党一以贯之的政治优势。党领导人民治国理政，最重要的就是坚持正确政治方向，始终保持我们党的政治本色，始终沿着中国特色社会

理论链接

要加快构建中国话语和中国叙事体系，用中国理论阐释中国实践，用中国实践升华中国理论，打造融通中外的新概念、新范畴、新表述，更加充分、更加鲜明地展现中国故事及其背后的思想力量和精神力量。要加强对中国共产党的宣传阐释，帮助国外民众认识到中国共产党真正为中国人民谋幸福而奋斗，了解中国共产党为什么能、马克思主义为什么行、中国特色社会主义为什么好。要围绕中国精神、中国价值、中国力量，从政治、经济、文化、社会、生态文明等多个视角进行深入研究，为开展国际传播工作提供学理支撑。要更好推动中华文化走出去，以文载道、以文传声、以文化人，向世界阐释推介更多具有中国特色、体现中国精神、蕴藏中国智慧的优秀文化。要注重把握好基调，既开放自信也谦逊谦和，努力塑造可信、可爱、可敬的中国形象。

——习近平：在主持十九届中央政治局第三十次集体学习时的讲话（2021年5月31日）vw

① 习近平：《在哲学社会科学工作座谈会上的讲话》，人民出版社，2016年版，第24页。

主义道路前进。进一步坚持和加强党对意识形态工作的全面领导，提升对意识形态的政治领导力，不断提高领导干部的政治能力是根本。其中，政治判断力、政治领悟力、政治执行力作为政治能力的核心，既是领导干部必备的能力，也是做好意识形态工作的基础和前提。

（一）提高对意识形态的政治判断力

为什么要提高政治判断力？提高政治判断力是领导干部做好意识形态工作的重要前提。习近平总书记指出，我们党领导人民进行革命、建设、改革的历史进程反复证明了一个道理：政治上的主动是最有利的主动，政治上的被动是最危险的被动。[①]观察分析形势首先要把握政治因素，特别是要能够透过现象看本质，做到眼睛亮、见事早、行动快。[②]因此，对党员领导干部来说，做好意识形态工作，必须旗帜鲜明讲政治，提高政治判断力。

要增强政治判断力，就要不断提高政治敏锐性和政治鉴别力。政治判断力是以政治敏锐性和政治鉴别力为基础的，没有政治上的敏锐，或对政治问题不敏锐；没有政治上的鉴别力，或对政治问题缺乏鉴别能力，就不可能有任何政治判断力可言。

如何作出政治判断？或者说，政治判断的标准是什么？就是“以国家政治安全为大、以人民为重、以坚持和发展中国特色社会主义为本”[③]。这就明确告诉我们，对一切意识形态问题的政治判断，要看它们是不是有利于国家政治安全、是不是有利于人民的根本利益、是不是有利于坚持和发展中国特色社会主义。是，就坚决支持；不是，就坚决反对、坚决

---

① 参见《加强政治建设提高政治能力坚守人民情怀　不断提高政治判断力政治领悟力政治执行力》，《人民日报》2020年12月26日。

② 参见《年轻干部要提高解决实际问题能力　想干事能干事干成事》，《人民日报》2020年10月11日。

③ 《习近平谈治国理政》第4卷，外文出版社2022年版，第508页。

禁止！这样就能“增强科学把握形势变化、精准识别现象本质、清醒明辨行为是非、有效抵御风险挑战的能力”[①]。

判断重大政治是非，党的历史经验是一个重要依据。2021年11月11日，习近平总书记在党的十九届六中全会第二次全体会议上的讲话中指出：“要把党的历史经验作为判断重大政治是非的重要依据，在方向性、原则性问题上自觉对标对表。”[②]

习近平总书记的这些重要论述，从立场、原则、方向的高度，为新时代做好意识形态工作把舵导航、精准定向。对领导干部来说，提高对意识形态工作的政治判断力，就是要提高政治敏锐性和政治鉴别力，善于思考涉及党和国家工作大局的根本性、全局性、长远性问题，加强战略性、系统性、前瞻性研究谋划，做到在重大问题和关键环节上头脑特别清醒、眼睛特别明亮，善于从一般事务中发现政治问题，善于从倾向性、苗头性问题中发现政治端倪，善于从错综复杂的矛盾关系中把握政治逻辑，坚持政治立场不移、政治方向不偏。[③]

（二）提高对意识形态的政治领悟力

提高政治领悟力是做好意识形态工作的关键环节。所谓政治领悟力，就是从政治角度想问题、作决策、办事情，就是从政治上感悟、领悟、悟深、悟透党的基本理论、党中央的决策部署和相关精神，系统全面学习党的创新理论，并用以武装头脑、指导实践、推动工作，持续深入理解把握党和国家指导思想的精神实质、丰富内涵、核心要义和实践要求，切实做好各项工作。

---

① 《加强政治建设提高政治能力坚守人民情怀　不断提高政治判断力政治领悟力政治执行力》，《人民日报》2020年12月26日。

② 习近平：《以史为鉴、开创未来　埋头苦干、勇毅前行》，《求是》2022年第1期。

③ 参见《加强政治建设提高政治能力坚守人民情怀　不断提高政治判断力政治领悟力政治执行力》，《人民日报》2020年12月26日。

领导干部要把提升政治领悟力作为做好意识形态工作的终身必修课。习近平总书记指出，“领导干部特别是高级领导干部担的是政治责任，必须对党中央精神深入学习、融会贯通，坚持用党中央精神分析形势、推动工作，始终同党中央保持高度一致”①。对领导干部来说，做好意识形态工作，必须提高政治领悟力。

一是要深刻领悟意识形态工作的极端重要性。作为一项极端重要的工作，意识形态工作是为国家立心、为民族立魂的工作，在党和国家发展大局中至关重要。历史和现实反复证明，能否做好意识形态工作，事关党的前途命运，事关国家长治久安，事关民族凝聚力和向心力。

二是要深刻领悟意识形态工作的政治要求。新时代领导干部提高对意识形态的政治领悟力，首先必须学懂弄通做实习近平新时代中国特色社会主义思想，不断增强“四个意识”、坚定“四个自信”、做到“两个维护”，对“国之大者”了然于胸，明确自己的职责定位。

三是要深刻领悟意识形态工作的发展变化。特别是要从意识形态工作的新特点、新趋向中找到规律、找准时机，牢牢掌握意识形态工作的领导权和主动权，切实增加意识形态工作的针对性和实效性。

（三）提高对意识形态的政治执行力

提高政治执行力是做好意识形态工作的根本保障。政治执行力是政治能力的重要组成部分，也是政治判断力、政治领悟力的落脚点。

提高对意识形态的政治执行力，必须在党的基本理论指导下，认真贯彻落实党的路线方针政策，不折不扣落实党中央决策部署和上级组织决定。政治执行力是党的思想路线得到落实和体现的根本要求，也是党的

---

① 《加强政治建设提高政治能力坚守人民情怀　不断提高政治判断力政治领悟力政治执行力》，《人民日报》2020年12月26日。

领导力、战斗力、生命力之所在。

提高对意识形态的政治执行力，必须在政治立场、政治方向、政治原则、政治道路上同党中央保持高度一致。习近平总书记指出，“领导干部特别是高级干部要经常同党中央精神对表对标，切实做到党中央提倡的坚决响应，党中央决定的坚决执行，党中央禁止的坚决不做，坚决维护党中央权威和集中统一领导，做到不掉队、不走偏，不折不扣抓好党中央精神贯彻落实”①。这是领导干部提高政治执行力最基本的价值标尺和行为准则。

提高对意识形态的政治执行力，必须把坚持底线思维、坚持问题导向贯穿工作始终，做到见微知著、防患于未然。要强化责任意识，知责于心、担责于身、履责于行，敢于直面问题，不回避矛盾，特别是要抓好落实。

三、把握好新时代意识形态工作的时、度、效

习近平总书记在多个与意识形态工作相关的重要场合，强调“时、度、效”对做好意识形态工作的重要性。

2013年8月，在全国宣传思想工作会议上，

理论链接

全党同志特别是领导干部要始终在政治立场、政治方向、政治原则、政治道路上同党中央保持高度一致，真正做到忠诚党和人民，忠诚党的理想信念，忠诚党的初心使命，忠诚党的组织，忠诚党的理论和路线方针政策，严守党的政治纪律和政治规矩，不断增强维护党中央集中统一领导的思想自觉、政治自觉、行动自觉。对党忠诚是具体的、实践的，不是空洞的口号，不能只停留在口头表态上，要体现在贯彻党中央决策部署的行动上，体现在履职尽责、做好本职工作的实效上，体现在日常言行上，自觉做到党中央提倡的坚决响应、党中央决定的坚决照办、党中央禁止的坚决不做，不讲条件、不搞变通，不掉队、不走偏，保证全党上下拧成一股绳，心往一处想、劲往一处使。

——习近平：在党的十九届六中全会第二次全体会议上的讲话（2021年11月11日）

① 《加强政治建设提高政治能力坚守人民情怀　不断提高政治判断力政治领悟力政治执行力》，《人民日报》2020年12月26日。

习近平总书记指出：坚持团结稳定鼓劲、正面宣传为主，“关键是要提高质量和水平，把握好时、度、效，增强吸引力和感染力，让群众爱听爱看、产生共鸣，充分发挥正面宣传鼓舞人、激励人的作用”。

2014年2月，习近平总书记在中央网络安全和信息化领导小组第一次会议上的讲话中强调：“做好网上舆论工作是一项长期任务，要创新改进网上宣传，运用网络传播规律，弘扬主旋律，激发正能量，大力培育和践行社会主义核心价值观，把握好网上舆论引导的时、度、效，使网络空间清朗起来。”①

2016年2月，习近平总书记在党的新闻舆论工作座谈会上强调指出：“把握好时度效。党的新闻舆论工作是一门科学，必须按照规律办事。时度效是检验新闻舆论工作水平的标尺。不管是主题宣传、典型宣传、成就宣传，还是突发事件报道、热点引导、舆论监督，都要从时度效着力、体现时度效要求。”②

这些重要论断为新时代做好意识形态工作确立了基本原则和方法论。当前，意识形态工作面临日益复杂多变的大环境、大背景、大趋势，做好意识形态工作，必须把时度效作为目标和标尺，贯穿意识形态工作始终，要“抓住时机、把握节奏、讲究策略，从时度效着力，体现时度效要求”。③

（一）审时

所谓“时”，主要是指时机、时势。意识形态工作往往面对的是复杂的价值碰撞、思想争鸣、观点交锋等，其背后往往伴随着不同民族国家间或不同利益群体间的激烈冲突和多维博弈。意识形态领域的摩擦和斗

① 《习近平关于社会主义文化建设论述摘编》，中央文献出版社2017年版，第35页。
② 《习近平关于社会主义文化建设论述摘编》，中央文献出版社2017年版，第46页。
③ 《习近平谈治国理政》第2卷，外文出版社2017年版，第333页。

争暗潮汹涌、此消彼长，可谓是“一场看不见硝烟的战争”。在意识形态领域的争夺战、拉锯战中，把握时机、掌握主动至关重要。特别是在重大突发事件、舆情事件处置过程中，把握时机、掌握主动，做好应急直报、及时通报、实时公报尤为关键。

在意识形态工作中要做到审时，一方面要从大局大势中洞悉时与势的关系。时与势紧密相关，势，就是局势、态势、趋势等。“要把围绕中心、服务大局作为基本职责，胸怀大局、把握大势、着眼大事，找准工作切入点和着力点，做到因势而谋、应势而动、顺势而为。”①另一方面，要把握最佳时机，做好相关工作。对党中央的路线方针政策和上级组织作出的决策、部署的工作，要雷厉风行、马上就办、办就办好。对人民最关心关切的事，要以“时时放心不下”的责任感、使命感，担当作为、求真务实，查盲点、治痛点、攻难点、疏堵点，让人民事事放得下心。对有时间节点要求的工作，要做到时刻关注、及时落实，确保在规定期限完成工作。

（二）控度

所谓“度”，主要是指分寸、火候。马克思主义基本原理中的量变质变规律告诉我们，量变是事物数量的增减和组成要素排列次序的变动，是保持事物的质的相对稳定性的不显著变化，体现了事物发展渐进过程的连续性。质变是事物性质的根本变化，是由一种质态向另一种质态的转变，体现了事物发展渐进过程和连续性的中断。在一定意义上，“度”是事物由“量变”到“质变”的临界点、关键点。把握好“度”，也就是把握好事物变化的规律、趋势和节奏。

在意识形态工作中，只有控制好了“度”，也就是拿捏好“分寸”、控制好“火候”，明辨是非、轻重、缓急，才能顺利开展工作，完成预期目

① 《习近平关于社会主义文化建设论述摘编》，中央文献出版社2017年版，第21—22页。

标，达到预期效果。

延展地看，把握好意识形态工作中的“度”，既包括高度——要强化政治意识、提高政治站位，从全局的高度理解意识形态工作的重要性，在思想、意志和行动上时刻与党中央保持高度一致；也包括深度——要加强意识形态领域的理论学习，坚持用党的创新理论最新成果武装头脑、指导实践；还包括尺度——凡事有度，过犹不及，难以把握的是分寸，不易看出的是火候，在从事意识形态工作中，必须严守政治纪律和政治规矩，必须敬畏法纪法规，必须把握“分寸”、控制“火候”。

（三）求效

所谓“效”，主要指效果、成效。效果是人的行为所要追求的目标，一切实践活动，比如生产活动、科研活动、教学活动、医疗活动等，都要讲效果。务实功、出实招、求实效，是各级领导干部推进各项工作的基本要求。

做好意识形态工作，必须讲求效果，坚持问题导向、目标导向和效果导向的统一。一方面，在意识形态工作中强调效果是硬道理，清新诠释了意识形态工作的效果导向——意识形态工作要把取得实际效果作为目标。不求实效的意识形态工作是“走过场”、是“做样子”，要避免把工作停留在“嘴上”“纸上”“会上”，必须以落不到实处决不松手、达不到目的决不罢休的态度和劲头，抓好落实、抓出成效。另一方面，在意识形态工作中强调效果是硬道理，也充分表明了意识形态工作的检验尺度和衡量标准。意识形态工作做得好不好，最终要看实践效果。做好意识形态工作，领导干部必须要树立效果导向思维。只重愿望、不重效果，只重过程、不重效果，只重形式、不重效果，最后事与愿违，没有达到预想的效果，缺少的就是效果导向思维。

第二章 提升意识形态的思想引领力

思想是行动的先导。2022年8月，习近平总书记在省部级主要领导干部专题研讨班上指出，“拥有马克思主义科学理论指导是我们党鲜明的政治品格和强大的政治优势”。领导干部提升意识形态工作能力，必须以习近平新时代中国特色社会主义思想为指导，统一思想、统一意志、统一行动，提升对意识形态的思想引领力。

一、巩固马克思主义在意识形态领域的指导地位

马克思主义是中国特色社会主义意识形态的旗帜和灵魂。新时代做好意识形态工作，必须坚持和巩固马克思主义的指导地位，坚持运用马克思主义世界观方法论武装头脑、指导工作，自觉运用马克思主义的立场观点方法开展意识形态工作，学好用好马克思主义中国化系列成果，特别是最新成果——习近平新时代中国特色社会主义思想，推动党的创新理论最新成果在各地区、各领域、各部门的意识形态工作中落地生根、结出丰硕成果。

（一）坚持以马克思主义为指导，把马克思主义作为做好意识形态工作的看家本领

新时代意识形态工作的首要任务是巩固马克思主义在意识形态领域的指导地位。习近平总书记强调：“现在，宣传思想工作的环境、对象、范围、方式发生了很大变化，但宣传思想工作的根本任务没有变，也不能变。宣传思想工作就是要巩固马克思主义在意识形态领域的指导地位，巩固全党全国人民团结奋斗的共同思想基础。”①“两个巩固”并非独立的两项工作，而是一体两面的有机整体。巩固好马克思主义在意识形态领域的指导地位，牢牢掌握意识形态领导权、管理权、话语权就有了前提和保证。

其一，坚持以马克思主义为指导，首先要解决真懂真信的问题。“只有真正弄懂了马克思主义，才能在揭示共产党执政规律、社会主义建设规律、人类社会发展规律上不断有所发现、有所创造，才能更好识别各种唯心主义观点、更好抵御各种历史虚无主义谬论。”②

其二，坚持以马克思主义为指导，核心要解决好为什么人的问题。“我们的党是全心全意为人民服务的党，我们的国家是人民当家作主的国家，党和国家一切工作的出发点和落脚点是实现好、维护好、发展好最广大人民根本利益。我国哲学社会科学要有所作为，就必须坚持以人民为中心的研究导向。脱离了人民，哲学社会科学就不会有吸引力、感染力、影响力、生命力。”③

其三，坚持以马克思主义为指导，最终要落实到怎么用上来。“马克思主义具有与时俱进的理论品质。新形势下，坚持马克思主义，最重

① 《习近平关于社会主义文化建设论述摘编》，中央文献出版社2017年版，第22页。
② 《在哲学社会科学工作座谈会上的讲话》，人民出版社2016年版，第11页。
③ 《在哲学社会科学工作座谈会上的讲话》，人民出版社2016年版，第12—13页。

要的是坚持马克思主义基本原理和贯穿其中的立场、观点、方法。这是马克思主义的精髓和活的灵魂。马克思主义是随着时代、实践、科学发展而不断发展的开放的理论体系，它并没有结束真理，而是开辟了通向真理的道路……把坚持马克思主义和发展马克思主义统一起来，结合新的实践不断作出新的理论创造，这是马克思主义永葆生机活力的奥妙所在。”①

巩固马克思主义在意识形态领域的指导地位，领导干部必须把马克思主义作为做好意识形态工作的看家本领。习近平总书记强调，“对共产党人来说，只有理论上清醒才能有政治上清醒，只有理论上坚定才能有政治上坚定”②，“掌握马克思主义理论的深度，决定着政治敏感的程度、思维视野的广度、思想境界的高度”③，“学习马克思主义基本理论是共产党人的必修课”④，认真学习马克思主义理论，“这是我们做好一切工作的看家本领，也是领导干部必须普遍掌握的工作制胜的看家本领”⑤，“要学懂弄通做实党的创新理论，掌握马克思主义立场观点方法，夯实敢于斗争、善于斗争的思想根基，理论上清醒，政治上才能坚定，斗争起来才有底气、才有力量”⑥。“我们要赢得优势、赢得主动、赢得未来，战胜前进道路上各种各样的拦路虎、绊脚石，必须把马克思主义作为看家本领，以更宽广的视野、更长远的眼光来思考把握未来发展面临的一系列重大问题，不断提高全党运用马克思主义分析和解决实际问题的能力，不断提高运用科学理论指导我们应对重大挑战、抵御重大风险、克服重大阻力、

---

① 《在哲学社会科学工作座谈会上的讲话》，人民出版社2016年版，第13页。
② 《习近平关于全面从严治党论述摘编》，中央文献出版社2016年版，第62页。
③ 《习近平关于全面从严治党论述摘编》，中央文献出版社2016年版，第67—68页。
④ 中共中央党史和文献研究院、中央“不忘初心、牢记使命”主题教育领导小组办公室编《习近平关于“不忘初心、牢记使命”论述摘编》，党建读物出版社、中央文献出版社2019年版，第174页。
⑤ 《习近平谈治国理政》第1卷，外文出版社2018年版，第404页。
⑥ 《习近平谈治国理政》第3卷，外文出版社2020年版，第227页。

解决重大矛盾的能力。”①

把马克思主义作为做好意识形态工作的看家本领，必须坚持党性与人民性的统一。马克思指出，批判的武器当然不能代替武器的批判，物质力量只能用物质力量来摧毁；但是理论一经掌握群众，也会变成物质力量。理论只要说服人，就能掌握群众；而理论只要彻底，就能说服人。所谓彻底，就是抓住事物的根本。而人的根本就是人本身。②

（二）加快构建具有中国特色、中国风格、中国气派的哲学社会科学

哲学社会科学具有鲜明的意识形态属性。新时代做好意识形态工作，必须加快构建具有中国特色、中国风格、中国气派的哲学社会科学。

习近平总书记高度重视哲学社会科学工作。2016年5月17日，在哲学社会科学工作座谈会上，习近平总书记指出：“哲学社会科学是人们认识世界、改造世界的重要工具，是推动历史发展和社会进步的重要力量，其发展水平反映了一个民族的思维能力、精神品格、文明素质，体现了一个国家的综合国力和国际竞争力。”③“坚持和发展中国特色社会主义，需要不断在实践和理论上进行探索、用发

理论链接

我们党历来高度重视理论建设和理论教育，运用马克思主义基本原理指导中国的事情是我们的看家本领。我说过，我们党在中国这样一个有着13亿多人口的大国执政，面对十分复杂的国内外环境，肩负繁重的执政使命，如果缺乏理论思维，是难以战胜各种风险和困难的，也是难以不断前进的。我还说过，中国是一个大国，决不能在根本性问题上出现颠覆性错误，一旦出现就无法挽回、无法弥补。要防止出现颠覆性错误，就要深入认识共产党执政规律、社会主义建设规律、人类社会发展规律，而要认识规律，就要牢牢掌握和运用辩证唯物主义和历史唯物主义，牢牢掌握和运用中国特色社会主义理论体系。

——习近平：在全国党校工作会议上的讲话（2015年12月11日）

① 《习近平谈治国理政》第2卷，人民出版社2017年版，第67页。
② 《马克思恩格斯文集》第1卷，人民出版社2009年版，第11页。
③ 习近平：《在哲学社会科学工作座谈会上的讲话》，人民出版社2016年版，第2页。

展着的理论指导发展着的实践。在这个过程中，哲学社会科学具有不可替代的重要地位，哲学社会科学工作者具有不可替代的重要作用。”[①]“新形势下，我国哲学社会科学地位更加重要、任务更加繁重。面对社会思想观念和价值取向日趋活跃、主流和非主流同时并存、社会思潮纷纭激荡的新形势，如何巩固马克思主义在意识形态领域的指导地位，培育和践行社会主义核心价值观，巩固全党全国各族人民团结奋斗的共同思想基础，迫切需要哲学社会科学更好发挥作用。”[②]

2022年4月25日，习近平总书记在中国人民大学考察时强调，“加快构建中国特色哲学社会科学，归根结底是建构中国自主的知识体系。要以中国为观照、以时代为观照，立足中国实际，解决中国问题，不断推动中华优秀传统文化创造性转化、创新性发展，不断推进知识创新、理论创新、方法创新，使中国特色哲学社会科学真正屹立于世界学术之林”[③]。

这些重要讲话、重要思想从党和国家事业发展的全局高度，深刻阐明了哲学社会科学在坚持和发展中国特色社会主义过程中的地位、作用、意义、

理论链接

我们党是用马克思主义武装起来的政党，马克思主义是我们共产党人理想信念的灵魂。发展21世纪马克思主义、当代中国马克思主义，必须立足中国、放眼世界，保持与时俱进的理论品格，深刻认识马克思主义的时代意义和现实意义，锲而不舍推进马克思主义中国化、时代化、大众化，使马克思主义放射出更加灿烂的真理光芒。

在人类思想史上，就科学性、真理性、影响力、传播面而言，没有一种思想理论能达到马克思主义的高度，也没有一种学说能像马克思主义那样对世界产生了如此巨大的影响。这体现了马克思主义的巨大真理威力和强大生命力，表明马克思主义对人类认识世界、改造世界、推动社会进步仍然具有不可替代的作用。学习研究当代世界马克思主义思潮，对我们推进马克思主义中国化，发展21世纪马克思主义、当代中国马克思主义具有积极作用。

——习近平：在主持十八届中央政治局第四十三次集体学习时的讲话（2017年9月29日）

① 习近平：《在哲学社会科学工作座谈会上的讲话》，人民出版社2016年版，第2页。

② 习近平：《在哲学社会科学工作座谈会上的讲话》，人民出版社2016年版，第6页。

③《坚持党的领导传承红色基因扎根中国大地　走出一条建设中国特色世界一流大学新路》，《人民日报》2022年4月26日。

目标、任务等。构建体现中国特色、中国风格、中国气派的话语体系，是传承中国文化、弘扬中国精神、凝聚中国力量、讲好中国故事、传播好中国声音的外在表征，是坚定中国特色社会主义道路自信、理论自信、制度自信、文化自信的重要体现，也是新时代做好意识形态工作的必然要求。

党的十八大以来，习近平总书记和党中央围绕我国哲学社会科学的发展，作出一系列重大决策部署。2017年5月，党中央印发了《关于加快构建中国特色哲学社会科学的意见》，对新时代加快中国特色哲学社会科学发展作出全面部署。2018年1月，党中央决定成立全国哲学社会科学工作领导小组。党的十九大、十九届五中全会报告都明确提出加快构建中国特色哲学社会科学的战略任务。2022年4月，中共中央办公厅印发了《国家“十四五”时期哲学社会科学发展规划》，这是第一部国家层面的哲学社会科学发展规划，是指导“十四五”时期我国哲学社会科学发展的纲领性文件。这些决策部署和重要文件，为加快构建具有中国特色、中国风格、中国气派的哲学社会科学在制度层面提供了有力保障和支撑。

（三）把马克思主义在意识形态领域指导地位的根本制度坚持好、巩固好、发展好

巩固马克思主义在意识形态领域的指导地位，制度是重要支撑和保障。党的十九届四中全会审议

理论链接

哲学社会科学的特色、风格、气派，是发展到一定阶段的产物，是成熟的标志，是实力的象征，也是自信的体现。我国是哲学社会科学大国，研究队伍、论文数量、政府投入等在世界上都是排在前面的，但目前在学术命题、学术思想、学术观点、学术标准、学术话语上的能力和水平同我国综合国力和国际地位还不太相称。要按照立足中国、借鉴国外，挖掘历史、把握当代，关怀人类、面向未来的思路，着力构建中国特色哲学社会科学，在指导思想、学科体系、学术体系、话语体系等方面充分体现中国特色、中国风格、中国气派。

——习近平：在哲学社会科学工作座谈会上的讲话（2016年5月17日）

理论链接

坚持马克思主义在意识形态领域指导地位的根本制度。全面贯彻落实习近平新时代中国特色社会主义思想，健全用党的创新理论武装全党、教育人民工作体系，完善党委（党组）理论学习中心组等各层级学习制度，建设和用好网络学习平台。深入实施马克思主义理论研究和建设工程，把坚持以马克思主义为指导全面落实到思想理论建设、哲学社会科学研究、教育教学各方面。加强和改进学校思想政治教育，建立全员、全程、全方位育人体制机制。落实意识形态工作责任制，注意区分政治原则问题、思想认识问题、学术观点问题，旗帜鲜明反对和抵制各种错误观点。

——《中共中央关于坚持和完善中国特色社会主义制度　推进国家治理体系和治理能力现代化若干重大问题的决定》（2019年10月31日）

通过的《中共中央关于坚持和完善中国特色社会主义制度　推进国家治理体系和治理能力现代化若干重大问题的决定》立足新时代党和国家各项事业发展大局，明确提出把坚持马克思主义在意识形态领域指导地位作为一项根本制度并作出全面部署安排，充分体现了党在意识形态领域的理论自觉、行动自觉，充分彰显了党在推动意识形态工作中的与时俱进、制度创新，对进一步做好新时代意识形态工作，建设具有强大凝聚力和引领力的社会主义意识形态提供了重要制度支撑。

将坚持马克思主义在意识形态领域的指导地位确立为一项根本制度，既是持续巩固马克思主义指导地位的需要，又是用党的创新理论最新成果武装全党的需要，也是新时代进一步做好意识形态工作的需要。我们要深刻把握这一制度创新安排的重大意义，把坚持马克思主义在意识形态领域指导地位的根本制度落到实处，体现在坚持正确政治方向、价值趋向、舆论导向上，体现在学懂弄通做实习近平新时代中国特色社会主义思想上，增强制度意识、强化制度落实，为做好意识形态工作提供制度保障和动力支撑。

二、提升意识形态学习力

重视学习、善于学习是中国共产党的优良传

统和宝贵经验，也是其永葆生机活力的制胜法宝和关键密钥。2013年3月1日，习近平总书记在中央党校建校80周年庆祝大会暨2013年春季学期开学典礼上强调指出："我们党历来重视抓全党特别是领导干部的学习，这是推动党和人民事业发展的一条成功经验。"[①]"好学才能上进。中国共产党人依靠学习走到今天，也必然要依靠学习走向未来。我们的干部要上进，我们的党要上进，我们的国家要上进，我们的民族要上进，就必须大兴学习之风，坚持学习、学习、再学习，坚持实践、实践、再实践。"[②]

对领导干部来说，新时代做好意识形态工作，学习是基础、是前提、是保障。党员领导干部要把学习作为一种工作责任、一种生活态度、一种人生追求，重视学习、善于学习、加强学习，牢固树立自觉学习、时刻学习、终身学习意识，通过主动学习、坚持学习、勤奋学习，进一步提高能力本领，做好意识形态工作。

（一）把握意识形态工作的极端重要性，不断提高学习的主动性

2013年8月19日，习近平总书记在全国宣传思想工作会议上的讲话中指出："历史和现实反复证明，能否做好意识形态工作，事关党的前途命运，事关国家长治久安，事关民族凝聚力和向心力。""我们在集中精力进行经济建设的同时，一刻也不能放松和削弱意识形态工作。"[③]

2017年10月18日，习近平总书记在党的十九大报告中指出："意识形态决定文化前进方向和发展道路。必须推进马克思主义中国化时代化大众化，建设具有强大凝聚力和引领力的社会主义意识形态，使全体人民在理想

---

① 《习近平谈治国理政》第1卷，外文出版社2018年版，第401页。
② 《习近平谈治国理政》第1卷，外文出版社2018年版，第407页。
③ 中共中央宣传部干部局编《新时代宣传思想工作（干部培训教材）》，学习出版社2020年版，第251、253页。

信念、价值理念、道德观念上紧紧团结在一起。”[①]

2018年，习近平总书记在全国宣传思想工作会议上进一步指出：“中国特色社会主义进入新时代，必须把统一思想、凝聚力量作为宣传思想工作的中心环节。”“建设具有强大凝聚力和引领力的社会主义意识形态，是全党特别是宣传思想战线必须担负起的一个战略任务。”“宣传思想工作是做人的工作的，要把培养担当民族复兴大任的时代新人作为重要职责。”[②]

这些重要论述充分表明，意识形态工作在党和国家发展大局中意义重大、影响深远。新时代做好意识形态工作已经成为领导干部的必修课，对意识形态领域相关内容的学习，刻不容缓。对领导干部来说，必须深刻把握意识形态工作的极端重要性，不断提高学习的主动性。

把握意识形态工作的极端重要性，不断提高学习的主动性，一方面，要正确认识中心工作与意识形态工作的关系。不能片面、静止、割裂地看待中心工作与意识形态工作的关系，两者是一体两面、相辅相成的辩证关系。正如习近平总书记指出，“我们要深刻认识经济基础对上层建筑的决定作用，深刻认识上层建筑对经济基础的反作用，既

理论链接

我们党历来重视抓全党特别是领导干部的学习，这是推动党和人民事业发展的一条成功经验。在每一个重大转折时期，面对新形势新任务，我们党总是号召全党同志加强学习；而每次这样的学习热潮，都能推动党和人民事业实现大发展大进步。改革开放伊始，党中央就强调，实现四个现代化是一场深刻的伟大的革命。在这场伟大的革命中，我们是在不断地解决新的矛盾中前进的。因此，全党同志一定要善于学习，善于重新学习。同过去相比，我们今天学习的任务不是轻了，而是更重了。这是由我们面临的形势和任务决定的。

——习近平：在中央党校建校80周年庆祝大会暨2013年春季学期开学典礼上的讲话（2013年3月1日）

① 《习近平谈治国理政》第3卷，外文出版社2020年，第32—33页。

② 《举旗帜聚民心育新人兴文化展形象　更好完成新形势下宣传思想工作使命任务》，《人民日报》2018年8月23日。

要有硬实力，也要有软实力，既要切实做好中心工作、为意识形态工作提供坚实物质基础，又要切实做好意识形态工作、为中心工作提供有力保障；既不能因为中心工作而忽视意识形态工作，也不能使意识形态工作游离于中心工作”[①]。另一方面，要把对意识形态工作的重视，转化为意识形态学习的主动性。持续学习、终身学习、有效学习，及时掌握意识形态领域的新进展、新挑战、新趋向等，不仅是新时代领导干部的必修课，也是新时代做好意识形态工作的基础和前提。因此，对领导干部来说，新时代做好意识形态工作，必须不断拓展学习范围、养成学习习惯、提高学习效率、转化学习成果。

（二）把握意识形态工作的规律性，不断提高学习的针对性

新时代做好意识形态工作，领导干部要通过学习把握意识形态的本质和规律，结合不断发展变化的内外环境，结合新时代意识形态工作的新特点、新趋势，有针对性地学习相关内容、掌握相关本领、提高工作实效。

新时代做好意识形态工作，领导干部要在学习中把握正确的政治方向，特别是要坚持以马克思主义为指导，不断强化马克思主义理论素养。“领导干部学习，要正确把握学习的方向。忽视了马克思主义所指引的方向，学习就容易陷入盲目状态甚至误入歧途，就容易在错综复杂的形势中无所适从，就难以抵御各种错误思潮。没有正确方向，不仅学不到有益的知识，还很容易被一些天花乱坠、脱离实际甚至荒唐可笑、极其错误的东西所迷惑、所俘虏。”[②]

---

① 《习近平关于社会主义文化建设论述摘编》，中央文献出版社2017年版，第21页。

② 《习近平谈治国理政》第1卷，外文出版社2018年版，第406页。

理论链接

全党同志特别是各级领导干部要更加自觉、更加刻苦地学习马克思列宁主义，学习毛泽东思想、邓小平理论、“三个代表”重要思想、科学发展观，学习新时代中国特色社会主义思想。要深入学、持久学、刻苦学，带着问题学、联系实际学，更好把科学思想理论转化为认识世界、改造世界的强大物质力量。共产党人要把读马克思主义经典、悟马克思主义原理当作一种生活习惯、当作一种精神追求，用经典涵养正气、淬炼思想、升华境界、指导实践。

——习近平：在纪念马克思诞辰200周年大会上的讲话（2018年5月4日）

（三）把握意识形态工作的复杂性，不断提高学习的实效性

2022年7月，习近平总书记在省部级主要领导干部“学习习近平总书记重要讲话精神，迎接党的二十大”专题研讨班上强调，当前，世界百年未有之大变局加速演进，世界之变、时代之变、历史之变的特征更加明显。我国发展面临新的战略机遇、新的战略任务、新的战略阶段、新的战略要求、新的战略环境，需要应对的风险和挑战、需要解决的矛盾和问题比以往更加错综复杂。[①]这些需要应对的风险挑战，需要解决的矛盾和问题，是新时代做好意识形态工作的重点。在应对这些风险挑战、解决这些矛盾问题的过程中，掌握科学合理的方法尤为关键。

当前，国际形势深刻复杂变化，“两个大局”交织演进，西方媒体对中国的关注度持续上升，越来越多的人认同中国取得的成就，但也有一些不和谐的声音，质疑或否定中国的改革发展成就。这些质疑或否定的声音带着明显的意识形态偏见，需要引起我们的重视和警惕。在这样的复杂背景下，对领导干部来说，做好意识形态工作，必须对各种声音进行认真甄别。要认真甄别国际舆论的意识形态立

---

① 参见《高举中国特色社会主义伟大旗帜　奋力谱写全面建设社会主义现代化国家崭新篇章》，《人民日报》2022年7月28日。

场，区分不同声音背后的立场、观点、倾向。要不断提高意识形态领域学习的针对性，做到学习跟进、认识跟进、行动跟进。要围绕意识形态工作的复杂性，广泛开展体系式学习、融合式讨论、案例式讲学、项目式研究、针对性解读，通过系统深入学习，让学习成为习惯，进而深入掌握意识形态领域的规律、特点，不断更新优化工作方法，不断提高工作能力和水平。

三、提升党的创新理论最新成果的应用能力

党的二十大报告指出："实践没有止境，理论创新也没有止境。不断谱写马克思主义中国化时代化新篇章，是当代中国共产党人的庄严历史责任。继续推进实践基础上的理论创新，首先要把握好新时代中国特色社会主义思想的世界观和方法论，坚持好、运用好贯穿其中的立场观点方法。"① 这一重要论断深刻阐明了马克思主义中国化时代化的历史逻辑、理论逻辑与实践逻辑，对运用党的创新理论最新成果——习近平新时代中国特色社会主义思想武装头脑、指导实践、推动工作提出了明确要求。

① 习近平：《高举中国特色社会主义伟大旗帜　为全面建设社会主义现代化国家而团结奋斗——在中国共产党第二十次全国代表大会上的报告》，人民出版社2022年版，第18—19页。

理论链接

对待科学的理论必须有科学的态度。恩格斯深刻指出："马克思的整个世界观不是教义，而是方法。它提供的不是现成的教条，而是进一步研究的出发点和供这种研究使用的方法。"恩格斯还指出，我们的理论"是一种历史的产物，它在不同的时代具有完全不同的形式，同时具有完全不同的内容"。科学社会主义基本原则不能丢，丢了就不是社会主义。同时，科学社会主义也绝不是一成不变的教条。我说过，当代中国的伟大社会变革，不是简单延续我国历史文化的母版，不是简单套用马克思主义经典作家设想的模板，不是其他国家社会主义实践的再版，也不是国外现代化发展的翻版。社会主义并没有定于一尊、一成不变的套路，只有把科学社会主义基本原则同本国具体实际、历史文化传统、时代要求紧密结合起来，在实践中不断探索总结，才能把蓝图变为美好现实。

——习近平：在纪念马克思诞辰200周年大会上的讲话（2018年5月4日）

（一）学懂：坚持以习近平新时代中国特色社会主义思想为指导，统领意识形态工作

面对意识形态领域错综复杂的形势，要坚持用马克思主义中国化最新成果统一思想、统一意志、统一行动。在学懂弄通做实习近平新时代中国特色社会主义思想中，学懂是前提。

党的十九届六中全会审议通过的《中共中央关于党的百年奋斗重大成就和历史经验的决议》指出，习近平新时代中国特色社会主义思想是当代中国马克思主义、二十一世纪马克思主义，是中华文化和中国精神的时代精华，实现了马克思主义中国化新的飞跃。党确立习近平同志党中央的核心、全党的核心地位，确立习近平新时代中国特色社会主义思想的指导地位，反映了全党全军全国各族人民共同心愿，对新时代党和国家事业发展、对推进中华民族伟大复兴历史进程具有决定性意义。① 习近平新时代中国特色社会主义思想作为党和国家的指导思想，是一个动态发展的科学的理论体系，"十九大、十九届六中全会提出的'十个明确'、'十四个坚持'、'十三个方面成就'概括了这一思想的主要内容，必须长期坚持并不断丰富发展"②。

延伸阅读

"十个明确"

以习近平同志为主要代表的中国共产党人，坚持把马克思主义基本原理同中国具体实际相结合、同中华优秀传统文化相结合，坚持毛泽东思

---

① 参见《中共中央关于党的百年奋斗重大成就和历史经验的决议》，人民出版社2021年版，第26页。

② 习近平：《高举中国特色社会主义伟大旗帜 为全面建设社会主义现代化国家而团结奋斗——在中国共产党第二十次全国代表大会上的报告》，人民出版社2022年版，第17页。

想、邓小平理论、“三个代表”重要思想、科学发展观，深刻总结并充分运用党成立以来的历史经验，从新的实际出发，创立了习近平新时代中国特色社会主义思想，明确中国特色社会主义最本质的特征是中国共产党领导，中国特色社会主义制度的最大优势是中国共产党领导，中国共产党是最高政治领导力量，全党必须增强“四个意识”、坚定“四个自信”、做到“两个维护”；明确坚持和发展中国特色社会主义，总任务是实现社会主义现代化和中华民族伟大复兴，在全面建成小康社会的基础上，分两步走在本世纪中叶建成富强民主文明和谐美丽的社会主义现代化强国，以中国式现代化推进中华民族伟大复兴；明确新时代我国社会主要矛盾是人民日益增长的美好生活需要和不平衡不充分的发展之间的矛盾，必须坚持以人民为中心的发展思想，发展全过程人民民主，推动人的全面发展、全体人民共同富裕取得更为明显的实质性进展；明确中国特色社会主义事业总体布局是经济建设、政治建设、文化建设、社会建设、生态文明建设五位一体，战略布局是全面建设社会主义现代化国家、全面深化改革、全面依法治国、全面从严治党四个全面；明确全面深化改革总目标是完善和发展中国特色社会主义制度、推进国家治理体系和治理能力现代化；明确全面推进依法治国总目标是建设中国特色社会主义法治体系、建设社会主义法治国家；明确必须坚持和完善社会主义基本经济制度，使市场在资源配置中起决定性作用，更好发挥政府作用，把握新发展阶段，贯彻创新、协调、绿色、开放、共享的新发展理念，加快构建以国内大循环为主体、国内国际双循环相互促进的新发展格局，推动高质量发展，统筹发展和安全；明确党在新时代的强军目标是建设一支听党指挥、能打胜仗、作风优良的人民军队，把人民军队建设成为世界一流军队；明确中国特色大国外交要服务民族复兴、促进人类进步，推动建设新型国际关系，推动构建人类命运共同体；明确全面从严治党的战略方针，提出新时代党的建设总要求，全面推进党的政治建设、思想建设、组织建设、作风建设、纪律建设，把制度建设贯穿其中，深入推进反腐败斗争，落实管党治党政治责任，以伟大自我革命引领伟大社会革命。这些战略思想和创新理念，是党对中国特色社会主义建设规律认识深化和理论创新的重大成果。[①]

党的十八大以来，习近平总书记在改革发展稳定、内政外交国防、治党治国治军等方面提出了一系列新理念、新思想、新战略，这些内容需要全党全国准确把握、持续学习、深刻领会。要强化政治意识、提高政治站位，全面系统学，深入思考学，联系实际学，充分领会习近平新时代中国特色社会主义思想的重大意义、丰富内涵、核心要义、理论品格、实践要求等。要注重采取理论与实践、历史与现实、当前与未来相结合的方法，筑牢信仰之基、补足精神之钙、把稳思想之舵，积极推动党的创新理论最新成果——习近平新时代中国特色社会主义思想在各地区、各行业、各领域落地生根，结出丰硕成果，这既是用马克思主义中国化最新成果武装全党的必然要求，也是新时代做好意识形态工作的应有之义。

（二）弄通：把握好习近平新时代中国特色社会主义思想的世界观和方法论，坚持好、运用好贯穿其中的立场观点方法

贯彻落实习近平新时代中国特色社会主义思想，要在弄通上下功夫。要联系地而不是孤立地、系统地而不是零散地、全部地而不是局部地理解习近平新时代中国特色社会主义思想。党的二十大报告系统全面阐述了习近平新时代中国特色社会主义思想的世界观和方法论——“必须坚持

① 《中共中央关于党的百年奋斗重大成就和历史经验的决议》，人民出版社2021年版，第23—25页。

人民至上”“必须坚持自信自立”“必须坚持守正创新”“必须坚持问题导向”“必须坚持系统观念”“必须坚持胸怀天下”[①]。“六个必须坚持”的重要概括深刻揭示了党的创新理论最新成果的理论品格和鲜明特质，为我们把握贯穿其中的立场观点方法提供了根本遵循。

一是把学习贯彻习近平新时代中国特色社会主义思想同学习马克思主义基本理论贯通起来。习近平新时代中国特色社会主义思想作为马克思主义中国化时代化最新成果，是当代中国马克思主义、二十一世纪马克思主义，是中华文化和中国精神的时代精华，实现了马克思主义中国化新的飞跃。[②]

二是把学习贯彻习近平新时代中国特色社会主义思想同学习党史、新中国史、改革开放史、社会主义发展史、中华民族发展史贯通起来。党的百年奋斗从根本上改变了中国人民的前途命运、开辟了实现中华民族伟大复兴的正确道路、展示了马克思主义的强大生命力、深刻影响了世界历史进程、锻造了走在时代前列的中国共产党。[③]必须从大历史观的角度，站在历史高度，深刻理解和把握习近平新时代中国特色社会主义思想的历史地位与历史意义。

三是把学习贯彻习近平新时代中国特色社会主义思想同破解新的时代课题贯通起来。《中共中央关于党的百年奋斗重大成就和历史经验的决议》指出，“习近平同志对关系新时代党和国家事业发展的一系列重大理论和实践问题进行了深邃思考和科学判断，就新时代坚持和发展什么样的中国特色社会主义、怎样坚持和发展中国特色社会主义，建设什么样的社会主义现代化强国、怎样建设社会主义现代化强国，建设什么样的长期

---

① 习近平：《高举中国特色社会主义伟大旗帜　为全面建设社会主义现代化国家而团结奋斗——在中国共产党第二十次全国代表大会上的报告》，人民出版社2022年版，第19—21页。

② 参见《中共中央关于党的百年奋斗重大成就和历史经验的决议》，人民出版社2021年版，第26页。

③ 参见《中共中央关于党的百年奋斗重大成就和历史经验的决议》，人民出版社2021年版，第88页。

执政的马克思主义政党、怎样建设长期执政的马克思主义政党等重大时代课题，提出一系列原创性的治国理政新理念新思想新战略，是习近平新时代中国特色社会主义思想的主要创立者”[①]。

四是把学习贯彻习近平新时代中国特色社会主义思想同新时代进行伟大斗争、建设伟大工程、推进伟大事业、实现伟大梦想的伟大实践贯通起来。“四个伟大”紧密联系、相互贯通、相互作用，是一个辩证统一的有机整体。“四个伟大”是对我国改革开放和社会主义现代化建设实践经验的根本总结，是党的十八大以来，以习近平同志为核心的党中央治国理政的总体框架和推进理论创新的实践基础，是制定中国特色社会主义发展新阶段行动纲领的基本遵循。

五是把学习贯彻习近平新时代中国特色社会主义思想同各地区、各部门的意识形态实际工作贯通起来。在贯通过程中，要把握好习近平新时代中国特色社会主义思想的世界观和方法论，坚持好、运用好贯穿其中的立场观点方法。通过运用这些立场观点方法，把握意识形态工作的规律性、普遍性、特殊性，进一步做好意识形态工作。

（三）做实：积极运用习近平新时代中国特色社会主义思想，推动做好意识形态工作

在学懂弄通做实习近平新时代中国特色社会主义思想中，做实是关键。习近平总书记多次强调，“一分部署，九分落实”。领导干部要在做实上下功夫，把党的创新理论最新成果——习近平新时代中国特色社会主义思想贯彻落实到意识形态工作各领域、全过程、各方面。

“大道至简，实干为要。”学懂弄通做实习近平新时代中国特色社会主

① 《中共中央关于党的百年奋斗重大成就和历史经验的决议》，人民出版社2021年版，第25—26页。

义思想，其核心要义和根本目的是武装头脑、指导实践、推动工作、取得实效。要深刻把握习近平总书记关于意识形态的相关重要论述、重要思想，切实把相关要求贯穿到意识形态工作各领域、各环节，落实到理论舆论、文化文艺、内宣外宣、网上网下等各领域、各阵地，切实把党的领导、党的意志、党的主张贯彻到具体工作之中，确保全党统一思想、统一意志、统一行动。

党员领导干部要牢固树立全国“一盘棋”思想，结合自身实际，把习近平总书记和党中央提出的战略部署转化为本地区本部门的工作任务，保持清醒、增强本领、积极有为，明确自己职责范围内的任务，找准工作方法，排出任务表、时间表、路线图，拿出实实在在的举措，一个时间节点一个时间节点往前推进，以钉钉子精神全面抓好落实，确保党中央确定的目标任务和战略部署顺利实现。

理论链接

实践没有止境，理论创新也没有止境。不断谱写马克思主义中国化时代化新篇章，是当代中国共产党人的庄严历史责任。继续推进实践基础上的理论创新，首先要把握好新时代中国特色社会主义思想的世界观和方法论，坚持好、运用好贯穿其中的立场观点方法。

——习近平：在中国共产党第二十次全国代表大会上的报告（2022年10月16日）

第三章

提升意识形态的价值感召力

价值感召力是衡量意识形态工作的重要标尺，也是凝聚社会共识、团结奋进力量的必然要求。“只要我们不断巩固和发展各民族大团结、全国人民大团结、全体中华儿女大团结，铸牢中华民族共同体意识，形成海内外全体中华儿女心往一处想、劲往一处使的生动局面，就一定能够汇聚起实现中华民族伟大复兴的磅礴伟力。”[①]新时代做好意识形态工作，必须统一思想、凝聚共识、坚定信心、增强斗志，不断提升主流意识形态的价值感召力。

一、把坚定“四个自信”作为建设社会主义意识形态的关键

自信是一个政党、一个民族、一个国家继往开来、守正创新、砥砺奋进的根本动力和重要支撑。“当今世界，要说哪个政党、哪个国家、哪个民族能够自信的话，那中国共产党、中华人民共和国、中华民族是最有理由自信的。”[②]2018年8月，习近平总书记在全国宣传

---

① 《中共中央关于党的百年奋斗重大成就和历史经验的决议》，人民出版社2021年版，第70页。

② 习近平：《在庆祝中国共产党成立95周年大会上的讲话》（2016年7月1日），人民出版社20v16年版，第12页。

思想工作会议上强调，“要把坚定‘四个自信’作为建设社会主义意识形态的关键”。这一重要论述深刻阐明了坚定“四个自信”与意识形态工作的紧密关系。准确理解和把握这一重要论述，有助于进一步增强广大干部群众对中国特色社会主义道路、理论、制度、文化的信心和底气。

（一）中国特色社会主义“四个自信”是一个有机整体

中国特色社会主义道路自信、理论自信、制度自信、文化自信构成了中国特色社会主义的完整信念体系。道路、理论、制度、文化四个方面相辅相成、彼此联动、内在统一，根植于中国特色社会主义理论与实践的深层互动与创新发展。

中国特色社会主义道路自信、理论自信、制度自信、文化自信是一个有机整体。中国特色社会主义道路是实现途径、必由之路，中国特色社会主义理论体系是指导思想、行动指南，中国特色社会主义制度是有力支撑、根本保障，中国特色社会主义文化是深层底蕴、精神标识。

其一，中国特色社会主义道路是实现途径、必由之路。2013年1月5日，习近平总书记在新进中央委员会的委员、候补委员学习贯彻党的十八大精神研讨班上的讲话中强调指出：“我们坚信，随着中国特色社会主义不断发展，我们的制度必将越来越成熟，我国社会主义制度的优越性必将进一步显现，我们的道路必将越走越宽广，我国发展道路对世界的影响必将越来越大。”①中国特色社会主义道路，是在总结新中国成立以来正反两方面经验教训中形成的，是凝结了几代中国共产党人团结带领全国人民接力探索、艰苦奋斗的智慧和心血开创和发展的。实践证明，中国特色社会主义道路，是一条适合中国国情、引导中国发展进步的光明道路。我们要坚信，中国特色社会主义道路是实现社会主义现代化的

① 《习近平关于实现中华民族伟大复兴的中国梦论述摘编》，中央文献出版社2013年版，第25页。

理论链接

我们党在革命、建设、改革各个历史时期，坚持从我国国情出发，探索并形成了符合中国实际的新民主主义革命道路、社会主义改造和社会主义建设道路、中国特色社会主义道路，这种独立自主的探索精神，这种坚持走自己路的坚定决心，是我们党不断从挫折中觉醒、不断从胜利走向胜利的真谛。鲁迅先生有句名言：其实地上本没有路，走的人多了，也便成了路。中国特色社会主义，是科学社会主义理论逻辑和中国社会发展历史逻辑的辩证统一，是根植于中国大地、反映中国人民意愿、适应中国和时代发展进步要求的科学社会主义，是全面建成小康社会、加快推进社会主义现代化、实现中华民族伟大复兴的必由之路。

——习近平：在新进中央委员会的委员、候补委员学习贯彻党的十八大精神研讨班上的讲话（2013年1月5日）

必由之路，是创造人民美好生活的必由之路。[①]

其二，中国特色社会主义理论体系是指导思想、行动指南。党之所以能够领导人民在一次次求索、一次次挫折、一次次开拓中完成中国其他各种政治力量不可能完成的艰巨任务，根本在于坚持解放思想、实事求是、与时俱进、求真务实，坚持把马克思主义基本原理同中国具体实际相结合、同中华优秀传统文化相结合，坚持实践是检验真理的唯一标准，坚持一切从实际出发，及时回答时代之问、人民之问，不断推进马克思主义中国化时代化。习近平总书记指出，当代中国的伟大社会变革，不是简单延续我国历史文化的母版，不是简单套用马克思主义经典作家设想的模板，不是其他国家社会主义实践的再版，也不是国外现代化发展的翻版。只要我们勇于结合新的实践不断推进理论创新、善于用新的理论指导新的实践，就一定能够让马克思主义在中国大地上展现出更强大、更有说服力的真理力量。[②]

其三，中国特色社会主义制度是有力支撑、根本制度保障。习近平总书记指出，我们要坚信，中国特色社会主义制度是当代中国发展进步的根本制度保障，是具有鲜明中国特色、明显制度优势、强大自我完善能力的先进制度。[③]新中国成立70年

① 参见《习近平谈治国理政》第2卷，外文出版社2017年版，第36页。
② 参见《中共中央关于党的百年奋斗重大成就和历史经验的决议》，人民出版社2021年版，第66—67页。
③ 参见习近平《在庆祝中国共产党成立95周年大会上的讲话》，人民出版社2016年版，第13页。

来，中华民族之所以能迎来从站起来、富起来到强起来的伟大飞跃，最根本的是因为党领导人民建立和完善了中国特色社会主义制度，形成和发展了党的领导和经济、政治、文化、社会、生态文明、军事、外事等各方面制度，不断加强和完善国家治理。①

制度优势是一个国家的最大优势，制度竞争是国家间最根本的竞争。②2021年11月，习近平总书记在中央人大工作会议上指出："当今世界正经历百年未有之大变局，制度竞争是综合国力竞争的重要方面，制度优势是一个国家赢得战略主动的重要优势。历史和现实都表明，制度稳则国家稳，制度强则国家强。"党的十九届四中全会从十三个方面系统全面总结了我们的制度优势，中国特色社会主义制度更加巩固、优越性充分展现，为进一步坚定中国特色社会主义"四个自信"提供了基本依据，为中华民族实现伟大复兴提供了有力保证。

2019年10月31日，习近平总书记在党的十九届四中全会第二次全体会议上的讲话中指出，我国国家制度和国家治理体系之所以具有多方面的显著优势，很重要的一点就在于我们党在长期实践探索中，坚持把马克思主义基本原理同中国具体实际相结合，

① 参见《习近平谈治国理政》第3卷，外文出版社2020年版，第119页。
② 参见习近平《坚持和完善中国特色社会主义制度推进国家治理体系和治理能力现代化》，《求是》2020年第1期。

理论链接

一个国家选择什么样的国家制度和国家治理体系，是由这个国家的历史文化、社会性质、经济发展水平决定的。中国特色社会主义制度和国家治理体系不是从天上掉下来的，而是在中国的社会土壤中生长起来的，是经过革命、建设、改革长期实践形成的，是马克思主义基本原理同中国具体实际相结合的产物，是理论创新、实践创新、制度创新相统一的成果，凝结着党和人民的智慧，具有深刻的历史逻辑、理论逻辑、实践逻辑。

——《坚持和完善中国特色社会主义制度推进国家治理体系和治理能力现代化》（2019年10月31日）

理论链接

我国国家制度和国家治理体系具有多方面的显著优势，主要是：坚持党的集中统一领导，坚持党的科学理论，保持政治稳定，确保国家始终沿着社会主义方向前进的显著优势；坚持人民当家作主，发展人民民主，密切联系群众，紧紧依靠人民推动国家发展的显著优势；坚持全面依法治国，建设社会主义法治国家，切实保障社会公平正义和人民权利的显著优势；坚持全国一盘棋，调动各方面积极性，集中力量办大事的显著优势；坚持各民族一律

平等，铸牢中华民族共同体意识，实现共同团结奋斗、共同繁荣发展的显著优势；坚持公有制为主体、多种所有制经济共同发展和按劳分配为主体、多种分配方式并存，把社会主义制度和市场经济有机结合起来，不断解放和发展社会生产力的显著优势；坚持共同的理想信念、价值理念、道德观念，弘扬中华优秀传统文化、革命文化、社会主义先进文化，促进全体人民在思想上精神上紧紧团结在一起的显著优势；坚持以人民为中心的发展思想，不断保障和改善民生、增进人民福祉，走共同富裕道路的显著优势；坚持改革创新、与时俱进，善于自我完善、自我发展，使社会始终充满生机活力的显著优势；坚持德才兼备、选贤任能，聚天下英才而用之，培养造就更多更优秀人才的显著优势；坚持党指挥枪，确保人民军队绝对忠诚于党和人民，有力保障国家主权、安全、发展利益的显著优势；坚持“一国两制”，保持香港、澳门长期繁荣稳定，促进祖国和平统一的显著优势；坚持独立自主和对外开放相统一，积极参与全球治理，为构建人类命运共同体不断作出贡献的显著优势。这些显著优势，是我们坚定中国特色社会主义道路自信、理论自信、制度自信、文化自信的基本依据。

——《中共中央关于坚持和完善中国特色社会主义制度 推进国家治理体系和治理能力现代化若干重大问题的决定》（2019年10月31日）

把开拓正确道路、发展科学理论、建设有效制度有机统一起来，用中国化的马克思主义、发展着的马克思主义指导国家制度和国家治理体系建设，不断深化对共产党执政规律、社会主义建设规律、人类社会发展规律的认识，及时把成功的实践经验转化为制度成果，使我国国家制度和国家治理体系既体现了科学社会主义基本原则，又具有鲜明的中国特色、民族特色、时代特色。[①]

其四，中国特色社会主义文化是深层底蕴、精神标识。党的十八大以来，习近平总书记围绕文化自信提出一系列重要论断、重要思想。2014年2月24日，习近平总书记在主持十八届中央政治局第十三次集体学习时提出，“要讲清楚中华优秀传统文化的历史渊源、发展脉络、基本走向，讲清楚中华文化的独特创造、价值理念、鲜明特色，增强文化自信和价值观自信”。[②]2014年10月15日，习近平总书记在文艺工作座谈会上指出：“增强文化自觉和文化自信，是坚定道路自信、理论自信、制度自信的题中应有之义。”[③]2016年7月，在庆祝中国共产党成立95周年大会上，习近平总书记再次强调要“坚持中国特色社会主义道路自信、理论自信、制度自信、文化自信”，指出“文化自信，是更基础、更广

① 参见《习近平谈治国理政》第3卷，外文出版社2020年版，第122页。
② 《习近平谈治国理政》第1卷，外文出版社2018年版，第164页。
③ 习近平：《在文艺工作座谈会上的讲话》（2014年10月15日），人民出版社2015年版，第25页。

泛、更深厚的自信”[①]。坚持中国特色社会主义文化自信的提出，是对中国特色社会主义道路自信、理论自信、制度自信的进一步丰富和发展，是对中国特色社会主义发展规律认识的延展和深化，体现了我们党高度的文化自省、文化自觉、文化自强，深刻彰显了文化在党和国家事业大局中的地位、意义和作用。

（二）中国特色社会主义的“特色之处”[②]

“中国特色社会主义”是“四个自信”质的规定性——既规定了“四个自信”的本质属性，也规定了“四个自信”的目标方向。

中国特色社会主义，为什么要加“特色”二字，“特色”又作何理解？一方面，是相对于经典作家构想的社会主义而言的；另一方面，它也是相对于苏联社会主义模式和我们曾经所实践的社会主义而言的。“中国特色社会主义”之“中国特色”体现在以下几个方面。

第一，起点上的中国特色。马克思设想的社会主义是资本主义社会之后的一个社会形态，是在像欧美资本主义阶段之后的一个更高层次的社会。但是，中国是在半殖民地半封建的废墟上建立社会主

理论链接

文化自信，是更基础、更广泛、更深厚的自信。在5000多年文明发展中孕育的中华优秀传统文化，在党和人民伟大斗争中孕育的革命文化和社会主义先进文化，积淀着中华民族最深层的精神追求，代表着中华民族独特的精神标识。我们要弘扬社会主义核心价值观，弘扬以爱国主义为核心的民族精神和以改革创新为核心的时代精神，不断增强全党全国各族人民的精神力量。

——习近平：在庆祝中国共产党成立95周年大会上的讲话（2016年7月1日）

① 习近平：《在庆祝中国共产党成立95周年大会上的讲话》（2016年7月1日），人民出版社2016年版，第12、13页。

② 本部分内容选自周文彰《走好从政每一步》，东方出版社2020年版，第307—311页，此处略有修改。

义的。邓小平同志说："社会主义本身是共产主义的初级阶段，而我们中国又处在社会主义的初级阶段，就是不发达的阶段。一切都要从这个实际出发，根据这个实际来制订规划。"①这个"初级阶段"并不是每一个国家进入社会主义都必然要经过的阶段，而是中国国情所决定了的一个特殊阶段。

第二，制度上的中国特色。"不发达阶段"的社会主义当然不能套用"发达阶段"社会主义的制度设计，就像幼儿不能套用成人的药方一样。党的十一届三中全会以前，中国社会主义建设中出现曲折的根本原因，就在于制定的目标任务、体制和政策，超越了初级阶段这个基本国情。于是，我们党制定了社会主义初级阶段的基本路线，制定了包括以公有制为主体、多种所有制经济共同发展，按劳分配为主体、多种分配方式并存，社会主义市场经济体制等在内的中国特色社会主义基本经济制度，制定了党的领导体制和一系列适合国情的经济、政治、文化、社会、生态文明建设体制。党的十九届四中全会总结了中国特色社会主义制度的十三个显著优势，并从十三个方面对坚持和完善中国特色社会主义制度作出了重大部署。

第三，发展道路上的中国特色。这就是改革开放之路。通过改革，把中国从那些不合时宜的观念、做法和体制的束缚中解放出来，从对马克思主义的错误的和教条式的理解中解放出来，从主观主义和形而上学的桎梏中解放出来，最大限度地解放和发展生产力；通过开放，打开国门，既"请进来"又"走出去"，把中国融入世界经济发展大潮、科技革命大潮，因为"关起门来搞建设是不能成功的，中国的发展离不开世界"②。实践证明，改革开放是决定当代中国前途命运的关键一招，也是决定实现

① 《邓小平文选》第3卷，人民出版社1993年版，第252页。
② 《邓小平文选》第3卷，人民出版社1993年版，第78页。

中华民族伟大复兴中国梦的关键一招。同时，我们党启用了让一部分有条件的地区和个人先行发展、先行富裕，通过先富带动后富，最后走向共同富裕的“奔富”模式。这一模式的正确性也为实践所证明。

第四，指导思想上的中国特色。马克思主义是我们党始终坚持的指导思想。马克思主义是一个不断发展着的理论体系，需要持续不断地中国化、时代化，形成与时俱进的马克思主义中国化理论成果。中国正是在马克思主义中国化理论成果的指引下，才取得了世所罕见的发展奇迹。中国特色社会主义进入新时代，学习贯彻党和国家的指导思想——习近平新时代中国特色社会主义思想，是全党全军全国各族人民最重要的政治任务。

第五，最大特色是中国共产党领导。中国共产党经过一段艰辛的探索历程以后，找到了中国特色社会主义，大步走上发展的快车道，让社会主义在国际舞台上大放异彩，显示出勃勃生机。过去，我们常说只有社会主义才能救中国，今天，我们可以说中国拯救了社会主义。“这边风景独好”的关键因素在于中国共产党领导。中国共产党领导是中国特色社会主义最本质的特征，是中国特色社会主义制度的最大优势。

（三）坚定“四个自信”，强化意识形态认同

意识形态工作是坚定信心、凝聚民心、争取人心的工作。新时代做好意识形态工作，必须牢牢掌握意识形态工作的领导权、管理权、话语权，防范化解各种风险挑战，在实现中国特色社会主义道路自信、理论自信、制度自信、文化自信的基础上，实现道路认同、理论认同、制度认同、文化认同，进而实现包括政治认同、思想认同、行动认同等在内的意识形态认同。

有研究指出，意识形态在政治理想、政治价值、政治态度、政治行为等方面对社会成员发挥着引导、动员、凝聚的功能，为政治统治提供论证和辩护，是凝聚人心、增强政治认同的重要方式。培养民众对政治体

系的自觉认同，增强人们对政治统治合法性的信仰，是意识形态工作的基本目标。在经济全球化、价值观念多元化、个体理性反思能力不断增强的情境下，必须通过行之有效的方式加强意识形态工作，不断增强人们的政治认同：坚定立场，增强“四个自信”；加强理论研究，增强意识形态的说服力；关注受众的切身感受，增强意识形态的感召力；重视个体的理性反思能力，增强反思性认同。①

坚定“四个自信”，强化意识形态认同，一是要深刻领会中国特色社会主义“四个自信”的历史逻辑。历史地看，一百年来，党始终践行初心使命，团结带领全国各族人民绘就了人类发展史上的壮美画卷，中华民族伟大复兴展现出前所未有的光明前景。②我们比历史上任何时期都更接近中华民族伟大复兴的目标，比历史上任何时期都更有信心、有能力实现这个目标，③也比历史上任何时期都更自信。

二是要深刻领会中国特色社会主义“四个自信”的理论逻辑。中国特色社会主义道路、理论、制度、文化是一个有机整体，是马克思主义中国化时代化的智慧结晶，体现了我们党坚持把马克思主义基本原理同中国具体实际相结合、同中华优秀传统文化相结合，及时回答时代之问、人民之问，不断推进马克思主义中国化时代化的伟大创举。

三是要深刻领会中国特色社会主义“四个自信”的实践逻辑。党之所以能够领导人民在一次次求索、一次次挫折、一次次开拓中完成中国其他各种政治力量不可能完成的艰巨任务，根本在于坚持解放思想、实事求是、与时俱进、求真务实，勇于结合新的实践不断推进理论创新、善于用新的理论指导新的实践。④

---

① 参见吴玉军《政治认同视域中的意识形态建构》，《中国特色社会主义研究》2017年第3期。

② 参见《中共中央关于党的百年奋斗重大成就和历史经验的决议》，人民出版社2021年版，第62页。

③ 参见习近平《在庆祝中国共产党成立95周年大会上的讲话》，《求是》2021年第8期。

④ 参见《中共中央关于党的百年奋斗重大成就和历史经验的决议》，人民出版社2021年版，第67页。

二、培育和践行社会主义核心价值观①

习近平总书记指出："一个民族、一个国家的核心价值观必须同这个民族、这个国家的历史文化相契合，同这个民族、这个国家的人民正在进行的奋斗相结合，同这个民族、这个国家需要解决的时代问题相适应。"②

核心价值观是文化软实力的灵魂，是文化软实力建设的重点，是决定文化性质和方向的最深层次要素。③新时代做好意识形态工作，必须大力培育和践行社会主义核心价值观，通过社会主义核心价值观的浸润和塑造，统一思想认识、广泛凝聚共识、整合社会意识、团结奋进力量。

任何社会都需要核心价值观，当代中国倡导核心价值观，甚为必要，其原因：一是我国人口众多，需要核心价值来凝聚人心、统一行动，使全体人民同心同德、团结奋进。二是多元价值差异共存，需要核心价值来规范和引领。三是价值缺失和偏离，需要核心价值来培育和纠偏。核心价值观的意义和作用就在于，它是全社会的价值共识（认同）、价值追求（目标）和价值准则（标准）。正因为如此，习近平总书记指出，如果一个民族、一个国家没有共同的核心价值观，莫衷一是，行无依归，那么这个民族、这个国家就无法前进。

任何社会都需要核心价值，从当代中国的实际情况看，我们迫切需要

---

① 本部分内容选自周文彰《走好从政每一步》，东方出版社2020年版，第43—49页，此处略有修改。

② 中共中央宣传部编《习近平新时代中国特色社会主义思想学习纲要》，学习出版社、人民出版社2019年版，第145页。

③ 参见《把培育和弘扬社会主义核心价值观作为凝魂聚气强基固本的基础工程》，《人民日报》2014年2月26日。

提炼出适应时代要求、引领时代发展的社会主义核心价值。核心价值包括核心价值体系、核心价值观和核心价值风尚三个部分。党的十六届六中全会明确提出社会主义核心价值体系以后，党的十八大用“三个倡导”来表述社会主义核心价值观，即倡导富强、民主、文明、和谐，倡导自由、平等、公正、法治，倡导爱国、敬业、诚信、友善，积极培育和践行社会主义核心价值观。“三个倡导”的内容各有侧重，又互相联系，构成一个整体。

社会主义核心价值观，是全体人民的共同价值追求，是我们生而为中国人的独特精神支柱，是百姓日用而不觉的行为准则，领导干部必须带头学习，自觉践行社会主义核心价值观。

党的二十大报告指出：“社会主义核心价值观是凝聚人心、汇聚民力的强大力量。”①

核心价值观要回答的问题，实质上就是：今天的中国要建设一个什么样的国家、什么样的社会，培育什么样的公民。可以看到，核心价值观是文化软实力的灵魂，是文化软实力建设的重点。

现在摆在我们面前的重要任务，就是让核心价值观“落地”，即落到每一个人的心灵里，落到每一个人的行动上，落实到全社会。当社会主义核心价值观被普遍认同接受、被普遍追求实践，普遍体现在个人言行和人际关系上，进而形成一种社会氛围、社会环境和社会风气时，社会主义核心价值风尚就到来了。核心价值风尚是我提出来的一个概念，并认为它是我国核心价值的重要构成。如果形不成核心价值风尚，核心价值观就落空了。

---

① 习近平：《高举中国特色社会主义伟大旗帜　为全面建设社会主义现代化国家而团结奋斗——在中国共产党第二十次全国代表大会上的报告》，人民出版社2022年版，第44页。

延伸阅读

人民有信仰，国家有力量，民族有希望。要把培育和践行社会主义核心价值观作为凝魂聚气、强基固本的基础工程，广泛开展社会主义核心价值观宣传教育，不断夯实中国特色社会主义的思想道德基础。

培育和践行社会主义核心价值观，要着力培养担当民族复兴大任的时代新人。核心价值观建设，说到底是人的思想建设、灵魂建设，聚焦的是造就具有正确世界观、人生观、价值观的社会主义建设者。培养时代新人，要坚持立德树人、以文化人，弘扬民族精神和时代精神，加强爱国主义、集体主义、社会主义教育。持续深化社会主义思想道德建设，深入实施公民道德建设工程，加强和改进思想政治工作，推进新时代文明实践中心建设，不断提升人民思想觉悟、道德水准、文明素养和全社会文明程度。

培育和践行社会主义核心价值观，要注重全方位贯穿、深层次融入，在落细、落小、落实上下功夫。要使社会主义核心价值观的影响像空气一样无所不在、无时不有，成为百姓日用而不觉的行为准则。强化教育引导、实践养成、制度保障，把社会主义核心价值观融入社会发展各方面，引导全体人民自觉践行。坚持全民行动、干部带头，从家庭做起，从娃娃抓起。高度重视家风建设、学校教育，引导青少年扣好人生第一粒扣子。广泛开展先进模范学习宣传活动，营造崇尚英雄、学习英雄、捍卫英雄、关爱英雄的浓厚氛围，推动全社会形成见贤思齐的良好风气。把社会主义核心价值观的要求体现到宪法法律、法规规章和公共政策之中，转化为具有刚性约束力的法律规定。①

---

① 中共中央宣传部编《习近平新时代中国特色社会主义思想学习纲要》，学习出版社、人民出版社2019年版，第143—145页。

三、提升“强信心、聚民心、暖人心、筑同心”的能力

意识形态工作归根结底是做人的工作、人心的工作。鼓舞振奋人心、团结凝聚力量、共创历史伟业、共享复兴荣光是意识形态工作的题中应有之义、重中之重。2018年8月，习近平总书记在全国宣传思想工作会议上指出，“我们必须把人民对美好生活的向往作为我们的奋斗目标，既解决实际问题又解决思想问题，更好强信心、聚民心、暖人心、筑同心”①。

新时代做好意识形态工作，必须提升意识形态的价值感召力，必须把凝聚民心作为意识形态工作的出发点和落脚点，坚持以人民为中心的工作导向，为党的中心工作服务，为维护最广大人民根本利益服务。

（一）强信心：增强砥砺新时代的信心决心

习近平总书记指出：“放眼中华文明五千多年历史，没有哪一种政治力量能像中国共产党这样深刻地、历史性地推动中华民族发展进程。”②“学习和总结党的历史，就要从中增强道路自信、理论自信、制度自信、文化自信，咬定青山不放松，风雨无阻向前进。”③

增强砥砺奋进新时代的信心决心，要坚定历史自信。高度的历史自信，源于党的奋斗成就。“一百年来，党领导人民浴血奋战、百折不挠，创造了新民主主义革命的伟大成就；自力更生、发愤图强，创造了社会主义革命和建设的伟大成就；解放思想、锐意进取，创造了改革开放和

---

① 《习近平谈治国理政》第3卷，外文出版社2020年版，第311页。
② 习近平：《以史为鉴、开创未来　埋头苦干、勇毅前行》，《求是》2022年第1期。
③ 习近平：《以史为鉴、开创未来　埋头苦干、勇毅前行》，《求是》2022年第1期。

社会主义现代化建设的伟大成就；自信自强、守正创新，创造了新时代中国特色社会主义的伟大成就。党和人民百年奋斗，书写了中华民族几千年历史上最恢宏的史诗。”①“中国共产党人的历史自信，既是对奋斗成就的自信，也是对奋斗精神的自信。”②

增强砥砺奋进新时代的信心决心，要坚定政治自信。政治自信是对我们党和国家的历史、现在、未来之道路、理论、制度、文化等各方面的坚定信念、理性认知、客观评价、充分认同。政治自信源于历史、基于比较、面向未来。中国共产党团结带领全国各族人民不断克服一个又一个困难，取得一个又一个成就，我们比历史上任何时期都更接近中华民族伟大复兴的目标，比历史上任何时期都更自信！

（二）聚民心：凝聚奋进新征程的磅礴伟力

人既是意识形态的创造者、分享者，也是意识形态的传播者、接受者。意识形态工作的核心是将包含信仰信念信心、思想道德观念、气质精神品格等在内的正能量传递给社会中的每一个人，内化于心、外化于行，营造昂扬向上的社会风尚，凝聚全社会的磅礴伟力。

凝聚民心是意识形态工作的出发点和落脚点。民心向背是我们党的最大政治。党的政治领导、思想领导和组织领导的成效，要通过凝聚民心来体现和反映。

中国共产党从诞生之日起，就把“人民利益高于一切”鲜明地写在自己的旗帜上，融入自己的全部奋斗实践中，作为自己的最高价值追求。

中国共产党百年奋斗的历史经验充分说明，党的根基在人民、血脉在人民、力量在人民，人民是党执政兴国的最大底气。民心是最大的政治，

---

① 《中共中央关于党的百年奋斗重大成就和历史经验的决议》，人民出版社2021年版，第1—2页。
② 习近平：《以史为鉴、开创未来　埋头苦干、勇毅前行》，《求是》2022年第1期。

正义是最强的力量。党的最大政治优势是密切联系群众，党执政后的最大危险是脱离群众。党代表中国最广大人民根本利益，没有任何自己特殊的利益，从来不代表任何利益集团、任何权势团体、任何特权阶层的利益，这是党立于不败之地的根本所在。①

面对新时代的新形势、新任务，做好意识形态工作，进一步凝聚人心，必须察民情、听民声、知民意、惠民生、解民忧。要坚持从身边的事做起，从群众关心的事做起，着力解决广大群众急难愁盼问题，以实际行动践行为民服务宗旨，让人民群众有获得感、幸福感、安全感。

延伸阅读

团结就是力量。建立最广泛的统一战线，是党克敌制胜的重要法宝，也是党执政兴国的重要法宝。党始终坚持大团结大联合，团结一切可以团结的力量，调动一切可以调动的积极因素，促进政党关系、民族关系、宗教关系、阶层关系、海内外同胞关系和谐，最大限度凝聚起共同奋斗的力量。只要我们不断巩固和发展各民族大团结、全国人民大团结、全体中华儿女大团结，铸牢中华民族共同体意识，形成海内外全体中华儿女心往一处想、劲往一处使的生动局面，就一定能够汇聚起实现中华民族伟大复兴的磅礴伟力。②

（三）暖人心：实现人民对美好生活的向往

暖人心，暖的是民生、民意、民情，聚焦的是人民对美好生活的向往。2012年11月15日，习近平总书记在十八届中央政治局常委同中外

① 参见《中共中央关于党的百年奋斗重大成就和历史经验的决议》，人民出版社2021年版，第66页。
② 《中共中央关于党的百年奋斗重大成就和历史经验的决议》，人民出版社2021年版，第70页。

记者见面时的讲话中指出，“人民对美好生活的向往，就是我们的奋斗目标”。这一生动、鲜活的凝练概括，对我们党全心全意为人民服务的根本宗旨作出新的时代诠释。以人民为中心的发展思想，遵循了马克思主义唯物史观的基本原理，坚持了马克思主义政治经济学的根本立场，继承和发展了中国共产党的发展思想，始终是习近平总书记治国理政方略的价值追求。2021年7月，习近平总书记在庆祝中国共产党成立100周年大会上发表重要讲话，向全体中国共产党员发出伟大号召：“牢记初心使命，坚定理想信念，践行党的宗旨，永远保持同人民群众的血肉联系，始终同人民想在一起、干在一起，风雨同舟、同甘共苦，继续为实现人民对美好生活的向往不懈努力，努力为党和人民争取更大光荣！”①

暖人心，必须心连心。要把以人民为中心的思想武装进头脑、落实到工作、转化为行动，以实际成效、实践成果和实干成绩进一步彰显共产党人的初心和使命，真正实现以人民为中心的价值追求。

暖人心，必须心贴心。要加强调查研究，贴近田间地头、贴近基层一线、贴近百姓群众、贴近生活实际、贴近现实需求。要满足群众需求，以有力度、温度的细致工作，想群众之所想，急群众之所急，解群众之所困。要加强文化供给，弘扬主旋律、传递正能量，推出反映时代风貌、彰显时代精神的文化精品、暖心之作。

（四）筑同心：共同实现中华民族伟大复兴

筑同心，筑的是梦想、是未来，筑的是中华民族伟大复兴的共同梦想。中国共产党从成立之日起，就把为中国人民谋幸福、为中华民族谋复兴的初心使命，镌刻在旗帜上，落实在行动上，凝聚起团结一心、共

---

① 习近平：《在庆祝中国共产党成立100周年大会上的讲话》，人民出版社2021年版，第22页。

同奋斗的磅礴力量。

毛泽东同志在1948年同《晋绥日报》编辑人员谈话时说，“群众知道了真理，有了共同的目的，就会齐心来做。这和打仗一样，要打好仗，不光要干部齐心，还要战士齐心”，“群众齐心了，一切事情就好办了”，①要“善于把党的政策变为群众的行动”②。回顾百年奋斗征程，中国共产党在思想和行动上始终与中国人民同呼吸、共命运，同心同德、同心同向，团结带领全国各族人民创造了彪炳史册的丰功伟绩。

2021年7月，习近平总书记在庆祝中国共产党成立100周年大会上的重要讲话中指出：“一百年来，中国共产党团结带领中国人民进行的一切奋斗、一切牺牲、一切创造，归结起来就是一个主题：实现中华民族伟大复兴。”③历史地看，保证党的团结统一是党的生命，也是我们党能成为百年大党、创造世纪伟业的关键所在。一百年来，我们党始终重视党的政治建设，教育引导广大党员、干部增强政治意识、坚定政治方向、站稳政治立场，坚决贯彻执行党的政治路线，推动全党始终保持统一的思想、坚定的意志、协调的行动、强大的战斗力。④

2018年12月18日，习近平总书记在庆祝改革开放40周年大会上的讲话中指出：“江河之所以能冲开绝壁夺隘而出，是因其积聚了千里奔涌、万壑归流的洪荒伟力。”⑤新时代做好意识形态工作，要坚持党的领导，坚持以人民为中心，着力增强社会主义意识形态的凝聚力和引领力，画出最大同心圆，使全国各族人民在理想信念、价值理念、道德观念上紧紧团结在一起。

---

① 《毛泽东选集》第4卷，人民出版社1991年第2版，第1318页。
② 《毛泽东选集》第4卷，人民出版社1991年第2版，第1319页。
③ 习近平：《在庆祝中国共产党成立100周年大会上的讲话》，人民出版社2021年版，第3页。
④ 参见习近平《以史为鉴、开创未来　埋头苦干、勇毅前行》，《求是》2022年第1期。
⑤ 习近平：《在庆祝改革开放40周年大会上的讲话》（2018年12月18日），人民出版社2018年版，第43页。

第四章 提升意识形态的精神锻造力

对一个政党、一个民族、一个国家来说，精神状态是统一思想、意志和行动的外在表现，是团结力量、砥砺奋进的内在保证，是实现目标、发展进步的动力之源，是迎难而上、攻坚克难的重要法宝。2022年7月26日，习近平总书记在省部级主要领导干部专题研讨班开班式上强调指出：“明确宣示党在新征程上举什么旗、走什么路、以什么样的精神状态、朝着什么样的目标继续前进，对团结和激励全国各族人民为夺取中国特色社会主义新胜利而奋斗具有十分重大的意义。”①

一、以坚定的理想信念筑牢精神之基②

理想信念是意识形态工作在人的大脑中的结晶或沉淀，坚定理想信念是做好意识形态工作的重点之一。理想信念坚定与否，不仅是衡量领导干部基本素质是否达标的重要标尺，也是衡量意识形态工作是否有效的重要准绳。因此，新时代做好意识形态工作，必须重视理想

---

① 《高举中国特色社会主义伟大旗帜　奋力谱写全面建设社会主义现代化国家崭新篇章》，《人民日报》2022年7月28日。

② 本部分内容选自周文彰、陈少雷《习近平治国理政方略的哲学启示》，《世界社会主义研究》2018年第4期，此处略有修改。

信念的教育和引导，必须以坚定的理想信念筑牢精神之基。

辩证唯物主义认为，物质决定意识，意识对物质具有巨大的反作用。我们党始终把思想建设放在党的建设第一位，强调理想信念是共产党人精神上的“钙”，强调“革命理想高于天”，就是精神变物质、物质变精神的辩证法。[①]坚定的理想信念在长期的革命、建设和改革实践中所发挥的巨大力量，不仅是意识反作用于物质的生动体现，更是中国共产党团结带领中国人民实现从站起来、富起来到强起来的伟大飞跃，战胜一切困难和风险的强大精神支柱。

意识形态工作的重中之重是要以坚定的理想信念筑牢精神之基，坚定对马克思主义的信仰，对社会主义和共产主义的信念，对中国特色社会主义道路、理论、制度、文化的自信。[②]

（一）理想信念是精神之“钙”

理想信念是关乎一个政党的宗旨、立场等根本属性的意识形态，是反映一个政党的核心理念和价值坐标的精神力量。理想信念也是决定一个人思想和行为的内在基因，深刻影响着一个人的一言一行。习近平总书记高度重视理想信念问题。2012年11月，在主持十八届中央政治局第一次集体学习时，习近平总书记深刻指出，“理想信念就是共产党人精神上的‘钙’，没有理想信念，理想信念不坚定，精神上就会‘缺钙’，就会得‘软骨病’”。

理想因其远大而为理想，信念因其执着而为信念。中国共产党之所以叫共产党，就是因为从成立之日起就把共产主义确立为远大理想。我们党之所以能够经受一次次挫折而又一次次奋起，归根到底是因为我们

① 参见《习近平关于社会主义文化建设论述摘编》，中央文献出版社2017年版，第10页。
② 参见《习近平谈治国理政》第3卷，外文出版社2020年版，第313页。

党有远大理想和崇高追求。[①]共产主义远大理想和中国特色社会主义共同理想是一代又一代中国共产党人的精神支柱和政治灵魂，是中国共产党团结和带领中国人民接续奋斗过程中始终坚持的远大理想和崇高追求。

共产主义远大理想和中国特色社会主义共同理想是建立在马克思主义科学真理和伟大实践基础之上的思想意识和价值共识，这一“思想意识和价值共识”深刻洞悉了人类社会发展的历史规律，深刻指明了科学社会主义的实践路径，回答了中国共产党为何而来、向何处去的根本问题，揭示了中国共产党人的初心、使命、责任和担当，为加油补钙、砥砺前行、实现中华民族伟大复兴中国梦提供了强大精神力量。

延伸阅读

2017年10月18日，习近平总书记在党的十九大报告中指出：“人民有信仰，国家有力量，民族有希望。要提高人民思想觉悟、道德水准、文明素养，提高全社会文明程度。广泛开展理想信念教育，深化中国特色社会主义和中国梦宣传教育，弘扬民族精神和时代精神，加强爱国主义、集体主义、社会主义教育，引导人们树立正确的历史观、民族观、国家观、文化观。深入实施公民道德建设工程，推进社会公德、职业道德、家庭美德、个人品德建设，激励人们向上向善、孝老爱亲，忠于祖国、忠于人民。加强和改进思想政治工作，深化群众性精神文明创建活动。弘扬科学精神，普及科学知识，开展移风易俗、弘扬时代新风行动，抵制腐朽落后文化侵蚀。推进诚信建设和志愿服务制度化，强化社会责

① 参见习近平《在庆祝中国共产党成立95周年大会上的讲话》(2016年7月1日)，人民出版社2016年版，第10页。

任意识、规则意识、奉献意识。”[①]

（二）理想信念是安身立命的“根本”

党的二十大报告指出：“加强理想信念教育，引导全党牢记党的宗旨，解决好世界观、人生观、价值观这个总开关问题，自觉做共产主义远大理想和中国特色社会主义共同理想的坚定信仰者和忠实实践者。”[②]理想信念是一个民族、一个国家的精神支柱，坚定理想信念，坚守共产党人精神追求始终是共产党人安身立命的根本。

对马克思主义的信仰是我们党的思想之本。马克思主义是我们立党立国的根本指导思想。回顾中国共产党一百多年的奋斗历程，无论是处于顺境还是逆境，无论面对曲折还是挑战，我们党从未动摇对马克思主义的信仰。马克思主义在中国落地生根、创新发展，实现了马克思主义基本理论与中国实际的有机结合，为解决中国问题提供了科学理论指导，为夺取新时代中国特色社会主义事业的伟大胜利提供了思想武器。

对共产主义和社会主义的信念是我们党的胜利之本。中国共产党从成立之日起就把共产主义、社会主义确定为自己的奋斗目标。正是在共产主义、社会主义理想和纲领的引领和感召下，一代又一代中国共产党人顺应历史潮流、勇担历史重任，紧紧依靠人民，克服一个又一个困难，取得一个又一个胜利，使中华民族迎来了实现伟大复兴的光明前景。

对党和人民忠诚是坚定理想信念的核心，是中国共产党人的政治本色和鲜明品格。理想信念不是一句空话，对党和人民的忠诚不仅表现为思想意识，更体现在实际行动上。中国共产党人始终坚持把个人的理想、目标和行动积极融入国家和民族事业之中，始终坚持以国家富强、民族

---

① 《习近平谈治国理政》第3卷，外文出版社2020年版，第33—34页。

② 习近平：《高举中国特色社会主义伟大旗帜　为全面建设社会主义现代化国家而团结奋斗——在中国共产党第二十次全国代表大会上的报告》，人民出版社2022年版，第65页。

复兴、人民幸福为目标、为追求、为己任。

（三）理想信念是思想灵魂的“总开关”

理想信念的意义和影响，体现在凝气聚力、强基固本、内化于心、外化于行等方方面面。正因为此，党的十九大报告强调：“要把坚定理想信念作为党的思想建设的首要任务，教育引导全党牢记党的宗旨，挺起共产党人的精神脊梁，解决好世界观、人生观、价值观这个‘总开关’问题，自觉做共产主义远大理想和中国特色社会主义共同理想的坚定信仰者和忠实实践者。”[①]作为思想灵魂的“总开关”，理想信念的重要性不言而喻。

思想上清醒，政治上才能坚定。坚定的理想信念，是统一思想、统一行动的前提，也是凝魂聚力、攻坚克难的基础。当前，我们党正在进行具有许多新的历史特点的伟大斗争，面临着前所未有的重大挑战、重大风险、重大阻力和重大矛盾。这更加需要坚定共产主义远大理想和中国特色社会主义共同理想，真正实现思想上高度统一、政治上清醒坚定、行动上坚决有力。

人民有信仰，民族有希望，国家有力量。历史和现实表明，一个政党、一个民族，如果没有坚定的理想信念，就如同一盘散沙，没有凝聚力，就会

理论链接

我们干事业不能忘本忘祖、忘记初心。我们共产党人的本，就是对马克思主义的信仰，对中国特色社会主义和共产主义的信念，对党和人民的忠诚。我们要固的本，就是坚定这份信仰、坚定这份信念、坚定这份忠诚。世界社会主义实践的曲折历程告诉我们，马克思主义政党一旦放弃马克思主义信仰、社会主义和共产主义信念，就会土崩瓦解。共产党人如果没有信仰、没有理想，或信仰、理想不坚定，精神上就会“缺钙”，就会得“软骨病”，就必然导致政治上变质、经济上贪婪、道德上堕落、生活上腐化。

在举什么旗、走什么路的问题上，全党一定要保持清醒头脑。“凡观物有疑，中心不定，则外物不清；吾虑不清，则未可定然否也。”党校要旗帜鲜明、大张旗鼓讲马克思主义、讲中国特色社会主义、讲共产主义，旗帜鲜明、大张旗鼓讲党的性质、讲党的宗旨、讲党的传统、讲党的作风。

——习近平：在全国党校工作会议上的讲话（2015年12月11日）

---

① 《习近平谈治国理政》第3卷，外文出版社2020年版，第49页。

失去奋斗目标和前进方向。加强学习是坚定理想信念的必修课。2016年10月，习近平总书记在纪念红军长征胜利80周年大会上的讲话中强调："要坚持学而信、学而思、学而行，把学习成果转化为不可撼动的理想信念，转化为正确的世界观、人生观、价值观，用理想之光照亮奋斗之路，用信仰之力开创美好未来。"[①]

二、铸牢中华民族共同体意识，构筑共有精神家园

在2021年8月27日召开的中央民族工作会议上，习近平总书记强调，"要准确把握和全面贯彻我们党关于加强和改进民族工作的重要思想，以铸牢中华民族共同体意识为主线，坚定不移走中国特色解决民族问题的正确道路，构筑中华民族共有精神家园，促进各民族交往交流交融，推动民族地区加快现代化建设步伐，提升民族事务治理法治化水平，防范化解民族领域风险隐患，推动新时代党的民族工作高质量发展，动员全党全国各族人民为实现全面建成社会主义现代化强国的第二个百年奋斗目标而团结奋斗"[②]。铸牢中华民族共同体意识，构筑共有精神家园，既是推动新时代党的民族工作高质量发展的

① 《习近平谈治国理政》第2卷，外文出版社2017年版，第50页。
② 《习近平谈治国理政》第4卷，外文出版社2022年版，第243页。

理论链接

理想信念是立党兴党之基，也是党员干部安身立命之本。年轻干部接好班，最重要的是接好坚持马克思主义信仰、为共产主义远大理想和中国特色社会主义共同理想而奋斗的班。党员干部只有胸怀天下、志存高远，不忘初心使命，把人生理想融入党和人民事业之中，把为人民幸福而奋斗作为自己最大的幸福，才能拥有高尚的、充实的人生。坚定理想信念，必先知之而后信之，信之而后行之。坚定理想信念不是一阵子而是一辈子的事，要常修常炼、常悟常进，无论顺境逆境都坚贞不渝，经得起大浪淘沙的考验。

——习近平：在2022年春季学期中央党校（国家行政学院）中青年干部培训班开班式上的讲话（2022年3月1日）

必然要求，也是新时代做好意识形态工作的重要内容。

（一）传承中华优秀传统文化

习近平总书记高度重视中华优秀传统文化，并将其作为治国理政的重要思想文化资源。他强调："中华优秀传统文化是中华文明的智慧结晶和精华所在，是中华民族的根和魂，是我们在世界文化激荡中站稳脚跟的根基。"①"实现中华民族伟大复兴，必须结合新的时代条件传承和弘扬中华优秀传统文化。"②中华优秀传统文化体现着中华民族世世代代在生产生活中形成和传承的世界观、人生观、价值观、审美观等，其中最核心的内容已经成为中华民族最基本的文化基因。这些最基本的文化基因，是中华民族和中国人民在修齐治平、尊时守位、知常达变、开物成务、建功立业过程中逐渐形成的有别于其他民族的独特标识。③中华优秀传统文化记载了中华民族自古以来在建设家园的奋斗中开展的精神活动、进行的理性思维、创造的文化成果，反映了中华民族的精神追求，是中华民族生生不息、发展壮大的重要滋养。中华文明，不仅对中国发展产生了深刻影响，而且对人类文明进步作出了重大贡献。④

传承中华优秀传统文化，一方面，要充分挖掘中华优秀传统文化的精神内核。"不忘本来才能开辟未来，善于继承才能更好创新。"⑤习近平总书记在十八届中央政治局第十三次集体学习时指出，"深入挖掘和阐

① 《把中国文明历史研究引向深入　推动增强历史自觉坚定文化自信》，《人民日报》2022年5月29日。
② 中共中央宣传部编《习近平新时代中国特色社会主义思想学习纲要》，学习出版社、人民出版社2019年版，第146页。
③ 参见习近平《在纪念孔子诞辰2565周年国际学术研讨会暨国际儒学联合会第五届会员大会开幕会上的讲话》（2014年9月24日），人民出版社2014年版，第12页。
④ 参见习近平《在纪念孔子诞辰2565周年国际学术研讨会暨国际儒学联合会第五届会员大会开幕会上的讲话》（2014年9月24日），人民出版社2014年版，第4页。
⑤ 《习近平谈治国理政》第1卷，外文出版社2018年版，第164页。

发中华优秀传统文化讲仁爱、重民本、守诚信、崇正义、尚和合、求大同的时代价值，使中华优秀传统文化成为涵养社会主义核心价值观的重要源泉”。①“讲仁爱、重民本、守诚信、崇正义、尚和合、求大同”的提出，高屋建瓴、言简意赅，为理解和评价中华优秀传统文化提供了理论参照，也为进一步凝聚社会共识提供了实践支撑。另一方面，要积极推动中华优秀传统文化创造性转化、创新性发展。从历史的角度看，包括儒家思想在内的中国传统思想文化中的优秀成分，对中华文明形成并延续发展几千年而从未中断，对形成和维护中国团结统一的政治局面，对形成和巩固中国多民族和合一体的大家庭，对形成和丰富中华民族精神，对激励中华儿女维护民族独立、反抗外来侵略，对推动中国社会发展进步、促进中国社会利益和社会关系平衡，都发挥了十分重要的作用。②发挥中华优秀传统文化的重要作用，关键在于推动其创造性转化、创新性发展，使之与现实文化相融相通。创造性转化，就是要按照时代特点和要求，对那些至今仍有借鉴价值的内涵和陈旧的表现形式加以改造，赋予其新的时代内涵和现代表达形式，激活其生命力。创新性发展，就是要按照时代的新进步新进展，对中华优秀传统文化的内涵加以补充、拓展、完善，增强其影响力和感召力。③

（二）铸牢中华民族共同体意识

铸牢中华民族共同体意识，是习近平总书记治国理政的关键词、高频词，是以习近平同志为核心的党中央统筹新时代党的民族工作提出的重

---

① 《习近平谈治国理政》第1卷，外文出版社2018年版，第164页。

② 参见习近平《在纪念孔子诞辰2565周年国际学术研讨会暨国际儒学联合会第五届会员大会开幕会上的讲话》(2014年9月24日)，人民出版社2014年版，第5—6页。

③ 参见中共中央宣传部编《习近平新时代中国特色社会主义思想学习纲要》，学习出版社、人民出版社2019年版，第147页。

要思想、实践要求。深刻理解和把握铸牢中华民族共同体意识的丰富内涵，对于推进新时代党的民族工作高质量发展、凝聚全国各族人民和全体中华儿女团结奋进力量具有重要意义。

2014年5月，习近平总书记在第二次中央新疆工作座谈会上提出，“民族团结是各族人民的生命线。要坚持团结稳疆，高举各民族大团结的旗帜，在各民族中牢固树立国家意识、公民意识、中华民族共同体意识，最大限度团结依靠各族群众，使每个民族、每个公民都为实现中华民族伟大复兴的中国梦贡献力量，共享祖国繁荣发展的成果”。①

2014年9月，在中央民族工作会议上，习近平总书记强调：“加强中华民族大团结，长远和根本的是增强文化认同，建设各民族共有精神家园，积极培养中华民族共同体意识。”②

2017年10月，党的十九大报告进一步提出：“全面贯彻党的民族政策，深化民族团结进步教育，铸牢中华民族共同体意识，加强各民族交往交流交融，促进各民族像石榴籽一样紧紧抱在一起，共同团结奋斗、共同繁荣发展。”③

2021年8月，习近平总书记在中央民族工作会议上强调指出，“铸牢中华民族共同体意识是新时代党的民族工作的‘纲’，所有工作要向此聚焦”④。“铸牢中华民族共同体意识，就是要引导各族人民牢固树立休戚与共、荣辱与共、生死与共、命运与共的共同体理念。”⑤“要坚决防范民族领域重大风险隐患。要守住意识形态阵地，积极稳妥处理涉民族因素的意识形态问题，持续肃清民族分裂、宗教极端思想流毒。要加强国际反

---

① 《习近平关于社会主义政治建设论述摘编》，中央文献出版社2017年版，第148页。
② 《习近平关于社会主义政治建设论述摘编》，中央文献出版社2017年版，第157页。
③ 《习近平谈治国理政》第3卷，外文出版社2020年版，第31页。
④ 《习近平谈治国理政》第4卷，外文出版社2022年版，第246页。
⑤ 《习近平谈治国理政》第4卷，外文出版社2022年版，第245页。

恐合作，做好重点国家和地区、国际组织、海外少数民族华侨华人群体等的工作。”①

2022年7月，习近平总书记在新疆考察时指出，“要铸牢中华民族共同体意识，促进各民族交往交流交融”②。在中央统战工作会议上习近平总书记再次强调指出，“必须以铸牢中华民族共同体意识为党的民族工作主线”③。

2022年10月，习近平总书记在党的二十大报告中指出，“我们要坚持马克思主义在意识形态领域指导地位的根本制度，坚持为人民服务、为社会主义服务，坚持百花齐放、百家争鸣，坚持创造性转化、创新性发展，以社会主义核心价值观为引领，发展社会主义先进文化，弘扬革命文化，传承中华优秀传统文化，满足人民日益增长的精神文化需求，巩固全党全国各族人民团结奋斗的共同思想基础，不断提升国家文化软实力和中华文化影响力”④。

这些重大论断、重要思想，从党和国家事业发展全局的高度，统筹国内国际两个大局，对新时代做好民族工作指明了根本方向，也为新时代做好意识形态工作提供了重要遵循，具有很强的政治性、全局性、战略性。

中国特色社会主义进入新时代，中华民族迎来了历史上最好的发展时期。同时，面对复杂的国内外形势，我们更要团结一致、凝聚力量，确保中国发展的巨轮胜利前进。⑤

---

① 《习近平谈治国理政》第4卷，外文出版社2022年版，第248页。

② 《完整准确贯彻新时代党的治疆方略　建设团结和谐繁荣富裕文明进步安居乐业生态良好的美好新疆》，《人民日报》2022年7月16日。

③ 《促进海内外中华儿女团结奋斗　为中华民族伟大复兴汇聚伟力》，《人民日报》2022年7月31日。

④ 习近平：《高举中国特色社会主义伟大旗帜　为全面建设社会主义现代化国家而团结奋斗——在中国共产党第二十次全国代表大会上的报告》，人民出版社2022年版，第43页。

⑤ 参见《习近平谈治国理政》第3卷，外文出版社2020年版，第299页。

理论链接

回顾党的百年历程，党的民族工作取得的最大成就，就是走出了一条中国特色解决民族问题的正确道路。改革开放特别是党的十八大以来，我们党强调中华民族大家庭、中华民族共同体、铸牢中华民族共同体意识等理念，既一脉相承又与时俱进贯彻党的民族理论和民族政策，积累了把握民族问题、做好民族工作的宝贵经验，形成了党关于加强和改进民族工作的重要思想，概括起来有以下方面。一是必须从中华民族伟大复兴战略高度把握新时代党的民族工作的历史方位，以实现中华民族伟大复兴为出发点和落脚点，统筹谋划和推进新时代党的民族工作。二是必须把推动各民族为全面建设社会主义现代化国家共同奋斗作为新时代党的民族工作的重要任务，促进各民族紧跟时代步伐，共同团结奋斗、共同繁荣发展。三是必须以铸牢中华民族共同体意识为新时代党的民族工作的主线，推动各民族坚定对伟大祖国、中华民族、中华文化、中国共产党、中国特色社会主义的高度认同，不断推进中华民族共同体建设。四是必须坚持正确的中华民族历史观，增强对中华民族的认同感和自豪感。五是必须坚持各民族一律平等，保证各民族共同当家作主、参与国家事务管理，

铸牢中华民族共同体意识，关键是要增强文化认同。文化是一个民族的魂魄，文化认同是民族团结的根脉。[①]加强中华民族大团结，长远和根本的是增强文化认同，建设各民族共有精神家园，积极培养中华民族共同体意识。文化认同是最深层次的认同，是民族团结之根、民族和睦之魂。文化认同问题解决了，对伟大祖国、对中华民族、对中国特色社会主义道路的认同才能巩固。[②]2014年5月，在第二次中央新疆工作座谈会上，习近平总书记强调："要在各族群众中牢固树立正确的祖国观、民族观，弘扬社会主义核心价值体系和社会主义核心价值观，增强各族群众对伟大祖国的认同、对中华民族的认同、对中华文化的认同、对中国特色社会主义道路的认同。"[③]

（三）弘扬伟大建党精神，传承中国共产党人的精神谱系[④]

2021年7月1日，习近平总书记在庆祝中国共产党成立100周年大会上的讲话中指出："一百年前，中国共产党的先驱们创建了中国共产党，形成了坚

---

① 参见《习近平谈治国理政》第3卷，外文出版社2020年版，第300页。

② 参见《习近平关于社会主义政治建设论述摘编》，中央文献出版社2017年版，第157页。

③ 《坚持依法治疆团结稳疆长期建疆　团结各族人民建设社会主义新疆》，《人民日报》2014年5月30日。

④ 本部分内容选自陈少雷《在新时代新征程上赢得更加伟大的胜利和荣光》，《特区实践与理论》2021年第6期，此处略有修改。

持真理、坚守理想，践行初心、担当使命，不怕牺牲、英勇斗争，对党忠诚、不负人民的伟大建党精神，这是中国共产党的精神之源。”[①]“一百年来，中国共产党弘扬伟大建党精神，在长期奋斗中构建起中国共产党人的精神谱系，锤炼出鲜明的政治品格。历史川流不息，精神代代相传。我们要继续弘扬光荣传统、赓续红色血脉，永远把伟大建党精神继承下去、发扬光大！”[②]伟大建党精神和中国共产党人的精神谱系，是中国共产党团结带领全国各族人民书写中华民族几千年历史上最恢宏的史诗的信仰之源、精神之源，是创造中华民族几千年历史上最伟大成就的力量之源、奋进之源。

历史车轮滚滚向前，伟大精神薪火相传。作为中国共产党的精神之源，坚持真理、坚守理想，践行初心、担当使命，不怕牺牲、英勇斗争，对党忠诚、不负人民的伟大建党精神，凝结着中国共产党昂扬奋发的初心使命，传承着中国共产党英勇奋斗的红色基因，昭示着中国共产党砥砺奋进的气质品格。[③]伟大建党精神，超越时空、历久弥坚，深深融入我们党、国家、民族、人民的精神气质、政治品格和文化基因之中，化为举旗帜、聚人心、催奋进

① 习近平：《在庆祝中国共产党成立100周年大会上的讲话》，人民出版社2021年版，第8页。

② 习近平：《在庆祝中国共产党成立100周年大会上的讲话》，人民出版社2021年版，第8页。

③ 参见《高举思想旗帜　勇发时代先声　构筑理论高地　汲取党史智慧》，《深圳特区报》2021年7月23日。

保障各族群众合法权益。六是必须高举中华民族大团结旗帜，促进各民族在中华民族大家庭中像石榴籽一样紧紧抱在一起。七是必须坚持和完善民族区域自治制度，确保党中央政令畅通，确保国家法律法规实施，支持各民族发展经济、改善民生，实现共同发展、共同富裕。八是必须构筑中华民族共有精神家园，使各民族人心归聚、精神相依，形成人心凝聚、团结奋进的强大精神纽带。九是必须促进各民族广泛交往交流交融，促进各民族在理想、信念、情感、文化上的团结统一，守望相助、手足情深。十是必须坚持依法治理民族事务，推进民族事务治理体系和治理能力现代化。十一是必须坚决维护国家主权、安全、发展利益，教育引导各民族继承和发扬爱国主义传统，自觉维护祖国统一、国家安全、社会稳定。十二是必须坚持党对民族工作的领导，提升解决民族问题、做好民族工作的能力和水平。我们党关于加强和改进民族工作的重要思想，是党的民族工作理论和实践的智慧结晶，是新时代党的民族工作的根本遵循，全党必须完整、准确、全面把握和贯彻。

——习近平：在中央民族工作会议上的讲话（2021年8月27日）

的强大精神力量。

历经百年而风华正茂、饱经磨难而生生不息，以伟大建党精神为源头的中国共产党人的精神谱系不断充盈和丰富。从井冈山精神、苏区精神、长征精神、遵义会议精神、延安精神到抗美援朝精神、“两弹一星”精神、雷锋精神，从改革开放精神、特区精神到脱贫攻坚精神、抗疫精神，这些伟大精神深刻体现了中国共产党百年峥嵘的精神面貌和气质品格，深刻反映出中国共产党人不断实现救国救民、富国富民、强国强民的艰辛探索和不懈努力，深刻映照出中国共产党人不畏艰险、接续奋斗的集体剪影和光辉群像。

伟大建党精神深刻蕴含着中国共产党百年奋斗的历史逻辑、理论逻辑、实践逻辑，深刻彰显了中国共产党强大的道义优势、政治优势、精神优势。正是在以伟大建党精神为源头的精神谱系的不断孕育和塑造中，中国共产党人锻造出宝贵的理论武器，树立起鲜明的思想旗帜。正是在以伟大建党精神为源头的精神谱系的不断赓续和传承中，中国共产党人树立起自身的精神气质，锤炼出鲜明的政治品格。也正是在以伟大建党精神为源头的精神谱系的不断发展和发扬中，中国共产党人将伟大精神转化为思想伟力和实践伟力，创造了惊天动地的丰功伟绩。

展望新征程，要继续弘扬光荣传统、赓续红色血脉，永远把以伟大建党精神为源头的精神谱系继

理论链接

做好新时代党的民族工作，要把铸牢中华民族共同体意识作为党的民族工作的主线。铸牢中华民族共同体意识，就是要引导各族人民牢固树立休戚与共、荣辱与共、生死与共、命运与共的共同体理念。铸牢中华民族共同体意识是维护各民族根本利益的必然要求，只有铸牢中华民族共同体意识，构建起维护国家统一和民族团结的坚固思想长城，各民族共同维护好国家安全和社会稳定，才能有效抵御各种极端、分裂思想的渗透颠覆，才能不断实现各族人民对美好生活的向往，才能实现好、维护好、发展好各民族根本利益。铸牢中华民族共同体意识是实现中华民族伟大复兴的必然要求，只有铸牢中华民族共同体意识，才能有效应对实现中华民族伟大复兴过程中民族领域可能发生的风险挑战，才能为党和国家兴旺发达、长治久安提供重要思想保证。铸牢中华民族共同体意识是巩固和发展平等团结互助和谐社会主义民族关系的必然要求，只有铸牢中华民族共同体意识，才能增进各民族对中华民族的自觉认同，夯实我国民族关系发展的思想基础，推动中华民族成为认同度更高、凝聚力更强的命运共

承下去、发扬光大，在全党全社会激扬起继往开来、不懈奋斗的精神力量，创造无愧于党、无愧于人民、无愧于时代的业绩，努力为党和人民争取更大光荣，为实现全面建成社会主义现代化强国、实现中华民族伟大复兴的目标提供精神支撑和力量源泉，在新时代新征程上赢得更加伟大的胜利和荣光。

延伸阅读

中国共产党人的精神谱系①

第一批纳入中国共产党人精神谱系的伟大精神是：建党精神；井冈山精神、苏区精神、长征精神、遵义会议精神、延安精神、抗战精神、红岩精神、西柏坡精神、照金精神、东北抗联精神、南泥湾精神、太行精神（吕梁精神）、大别山精神、沂蒙精神、老区精神、张思德精神；抗美援朝精神、“两弹一星”精神、雷锋精神、焦裕禄精神、大庆精神（铁人精神）、红旗渠精神、北大荒精神、塞罕坝精神、“两路”精神、老西藏精神（孔繁森精神）、西迁精神、王杰精神；改革开放精神、特区精神、抗洪精神、抗击“非典”精神、抗震救灾精神、载人航天精神、劳模精神（劳动精神、工匠精神）、青藏铁路精神、女排精神；脱贫攻坚精神、抗疫精神、“三牛”精神、

① 《中国共产党人精神谱系第一批伟大精神正式发布》，《人民日报》2021年9月30日。

同体。铸牢中华民族共同体意识是党的民族工作开创新局面的必然要求，只有顺应时代变化，按照增进共同性的方向改进民族工作，做到共同性和差异性的辩证统一、民族因素和区域因素的有机结合，才能把新时代党的民族工作做好做细做扎实。

——习近平：在中央民族工作会议上的讲话（2021年8月27日）

科学家精神、企业家精神、探月精神、新时代北斗精神、丝路精神。这些精神，集中彰显了中华民族和中国人民长期以来形成的伟大创造精神、伟大奋斗精神、伟大团结精神、伟大梦想精神，彰显了一代又一代中国共产党人“为有牺牲多壮志，敢教日月换新天”的奋斗精神。

做好意识形态工作，要在全党全社会大力弘扬伟大建党精神、深入宣传中国共产党人精神谱系，更好地鼓舞激励党员干部群众弘扬光荣革命传统、赓续红色血脉，不断增强“四个意识”、坚定“四个自信”、做到“两个维护”，为实现中华民族伟大复兴凝聚起奋勇前进的强大精神力量。[①]

（四）构筑中华民族共有精神家园[②]

中华民族共有精神家园是中华民族赖以生存和发展的共有精神财富，是包含共同的信仰信念、价值理念、思想观念、人文精神、风俗习惯、气质品格等在内的精神共同体，是流淌在中华民族血脉之中的共同基因和集体记忆，是中华民族饱经沧桑而历久弥坚、生机勃勃、昂扬奋进的动力源泉。

党的十八大以来，以习近平同志为核心的党中央高度重视中华民族共有精神家园的构筑。在2021年8月27日召开的中央民族工作会议上，习近平总书记强调指出，“必须构筑中华民族共有精神家园，使各民族人心归聚、精神相依，形成人心凝聚、团结奋进的强大精神纽带”[③]。2022年8月，《“十四五”文化发展规划》指出，“实现中华民族伟大复兴，战胜前进道路上各种风险挑战，文化是重要力量源泉，必须高扬思想旗帜、

① 参见《中国共产党人精神谱系第一批伟大精神正式发布》，《人民日报》2021年9月30日。

② 本部分内容选自陈少雷《在新时代新征程上赢得更加伟大的胜利和荣光》，《特区实践与理论》2021年第6期，此处略有修改。

③ 《习近平谈治国理政》第4卷，外文出版社2022年版，第244页。

强化价值引领、激发奋斗精神，建设中华民族共有精神家园，推进文化铸魂，增强全民族的凝聚力、向心力、创造力”。这些重要内容充分体现了构筑中华民族共有精神家园的重要性。

1. 构筑中华民族共有精神家园，必须牢记初心使命

历史地看，中国共产党的诞生，是中国人民于民族危难中的郑重选择，是中华民族在历史延绵中的发展必然。正是在近代中国积贫积弱、国门被破、落后挨打、逐步成为半殖民地半封建社会的苦难境遇里，正是在一次又一次的努力和尝试均未真正实质性地改变中国贫穷落后面貌的艰难背景下，正是在中国人民和中华民族的伟大觉醒和奋发进取中，在马克思列宁主义同中国工人运动紧密结合、同中国革命相互激荡的过程中，中国共产党应运而生。

中国共产党百年前的创建，源于近代以来一大批先进分子秉持初心、担当使命的积极探索。中国共产党百年间的发展，基于建党以来一批又一批革命先驱和仁人志士发愤图强、前赴后继的持续实践。习近平总书记深刻指出：“中国共产党一经诞生，就把为中国人民谋幸福、为中华民族谋复兴确立为自己的初心使命。一百年来，中国共产党团结带领中国人民进行的一切奋斗、一切牺牲、一切创造，归结起来就是一个主题：实现中华民族伟大复兴。”①

一百多年来，为了实现中华民族伟大复兴的宏伟目标，中国共产党团结带领全国各族人民奋勇向前，取得了新民主主义革命、社会主义革命和建设、改革开放和社会主义现代化建设、新时代中国特色社会主义的伟大成就。这些伟大成就，铸就了中华民族开天辟地、改天换地、翻天覆地、惊天动地的发展奇迹，体现了中国共产党领导中国人民争取民族

① 习近平：《在庆祝中国共产党成立100周年大会上的讲话》，人民出版社2021年版，第3页。

独立、人民解放和实现国家富强、人民幸福的不懈追求，彰显了中国共产党领导中国人民实现中华民族伟大复兴的初心、决心、恒心、信心，书写了中华民族几千年历史上最壮丽的篇章、最恢宏的史诗，巍然树立起彪炳史册的历史丰碑。

“明镜所以照形，古事所以知今。”改革开放和社会主义现代化建设深入推进，书写了经济快速发展和社会长期稳定两大奇迹新篇章，我国发展具备了更为坚实的物质基础、更为完善的制度保证，实现中华民族伟大复兴已进入不可逆转的历史进程。[①] 立足当下，对百年党史的最好总结，是从中汲取指引继续前行的智慧和力量。展望未来，对百年党史的最好纪念，是用实际行动不断取得新的更大的成就、创造新的更辉煌的历史。

理论链接

一百年来，我们党团结带领人民进行的一切奋斗、一切牺牲、一切创造，都是在践行为中国人民谋幸福、为中华民族谋复兴的初心使命。我们党之所以能够在近代以后各种政治力量反复较量中脱颖而出、赢得人民信任、取得重大成就，根本原因就在于党在坚持初心使命上矢志不渝、坚定如磐。我们党在不同历史时期有不同奋斗目标和工作任务，但这些目标和任务总体上都服从服务于为中国人民谋幸福、为中华民族谋复兴。今天，我们比历史上任何时期都更接近、更有信心和能力实现中华民族伟大复兴的目标。在新的起点上，全党必须保持战略定力、锚定战略目标，牢记“国之大者”，在实现中华民族伟大复兴的历史进程中跑好属于我们这代人的这一棒。

——习近平：在党的十九届六中全会第二次全体会议上的讲话（2021年11月11日）

2. 构筑中华民族共有精神家园，必须坚定信仰信念信心

一百多年来，对马克思主义、共产主义的信仰，对中国特色社会主义的信念，对实现中华民族伟大复兴的信心，已经深深镌刻在中国共产党的旗帜上，已经内化于心、外化于行，已经成为一代又一代中国共产党人初心不改、使命不移的精神印记，已经成为一代又一代中国共产党人赓续传统、薪火相传的红色基因，已经成为一代又一代中国共产党人勇

① 参见习近平《高举中国特色社会主义伟大旗帜　为全面建设社会主义现代化国家而团结奋斗——在中国共产党第二十次全国代表大会上的报告》，人民出版社2022年版，第15—16页。

往直前、砥砺前行的强大精神力量。

对马克思主义、共产主义的信仰，是中国共产党人的精神支柱。中国共产党自成立之日起，就把马克思主义作为指导思想，武装头脑、指导实践，把共产主义确立为远大理想和最终奋斗目标，百折不挠、坚韧不拔。自此，无论遇到什么样的艰难险阻，中国共产党人始终锚定理想、矢志不渝。新征程上，进一步增强对马克思主义、共产主义的信仰，关键是要从中国共产党的百年奋斗历程中感悟、汲取信仰的力量，始终保持顽强意志，勇敢战胜各种困难和挑战。

对中国特色社会主义的信念，是中国共产党人的精神标识。2021年4月，习近平总书记在广西考察时强调，“中国特色社会主义是历史发展的必然结果，是发展中国的必由之路，是经过实践检验的科学真理”。新征程上，进一步增强对中国特色社会主义的信念，关键是要在中国特色社会主义伟大实践中始终坚定“四个自信”。

对实现中华民族伟大复兴的信心，是中国共产党人的精神动力。新征程上，进一步增强对实现中华民族伟大复兴的信心，关键是要牢记初心使命、增强必胜信心，坚信我们党一定能够团结带领全国各族人民实现中华民族伟大复兴，努力创造属于我们这一代人、无愧新时代的历史功绩。

3. 构筑中华民族共有精神家园，必须坚守人民立场、坚持人民至上

党的十九届六中全会审议通过的《中共中央关于党的百年奋斗重大成就和历史经验的决议》指出：“只要我们始终坚持全心全意为人民服务的根本宗旨，坚持党的群众路线，始终牢记江山就是人民、人民就是江山，坚持一切为了人民、一切依靠人民，坚持为人民执政、靠人民执政，坚持发展为了人民、发展依靠人民、发展成果由人民共享，坚定不移走全体人民共同富裕道路，就一定能够领导人民夺取中国特色社会主义新的更大胜利。”[①]鲜明的人民立场、坚定的为民情怀、全心全意为人民服务的根本宗旨、以人民为中心的发展思想贯穿党的十九届六中全会精神始终。

人民是党执政的根基，民心是最大的政治。回首百年党史，我们清楚地看到，于危难中诞生、在磨砺中成长的中国共产党团结带领中国人民为美好生活而持续奋斗，取得了一个又一个伟大成就。这些伟大成就，离不开广大人民群众的广泛持续支持和真心忠实拥护，离不开社会各界的积极参与和共同努力。历史已经充分证明，人民是历史的创造者，是真正的英雄。展望前进道路，我们有理由相信，中国共产党必将继续团结带领中国人民为创造更加美好的生活而奋斗。历史必将证明，在中国共产党的坚强领导下，中华民族伟大复兴的宏伟目标定会如期实现。

4. 构筑中华民族共有精神家园，必须发扬强烈的历史担当精神

回顾党的百年奋斗历程，强烈的历史担当精神是中国共产党人一以贯之的胸怀境界。2012年11月15日，习近平总书记在中共中央政治局常委同中外记者见面时指出：“全党同志的重托，全国各族人民的期望，是对我们做好工作的巨大鼓舞，也是我们肩上的重大责任。这个重大责任就是对民族的责任、对人民的责任、对党的责任。”[②]此后，在很多重要场合的重要讲话中，习近平总书记对全党、各级领导干部多次强调责任担当的重要性，强调在“新的长征路上”要“接好历史的接力棒”，努力向历史“交出合格答卷”，等等。这些重要论述、重要要求，充分展现了当代中国共产党人的博大胸怀、崇高境界、责任意识，充分彰显了当代中国共产党人的强烈历史担当精神。

这种历史担当精神，源于我们党百年来一以贯之的优良传统。从新民主主义革命时期的不怕流血、不畏牺牲，到社会主义革命和建设时期的

---

① 《中共中央关于党的百年奋斗重大成就和历史经验的决议》，人民出版社2021年版，第66页。
② 《习近平谈治国理政》第1卷，外文出版社2018年版，第3—4页。

艰苦奋斗、自力更生，从改革开放和社会主义现代化建设时期的毅然奋起、与时俱进，到新时代的勇立潮头、创造奇迹，无不饱含着中国共产党人的初心使命、责任意识和担当精神。

这种历史担当精神，基于我们党对自身历史传统和内在基因的充分认识，对当今时代发展潮流的深刻洞察，对内外环境和所处历史方位的清醒研判。在第一个百年奋斗目标已经实现，第二个百年奋斗目标已经开启的历史交汇处，当今世界正处于百年未有之大变局。变的是时代主题，不变的是我们把握时代主题的立场。变的是时代课题，不变的是直面时代课题的勇气。变的是时代难题，不变的是破解时代难题的担当。

这种历史担当精神，成于我们党对未来发展的科学谋划。新时代产生新课题，新课题呼唤新思想，新思想引领新实践。新征程上，面对的问题、面临的风险仍是我们必须直面的挑战。前行路上，必然会有很多的“雪山”“草地”需要跨越、很多的“娄山关”“腊子口”需要征服。面对这些艰难险阻，唯有牢记初心使命、勇于担当进取、善于拼搏作为，才能以优异成绩创造更多辉煌，进一步展现中国共产党人的胸怀境界，进一步实现“无愧今天的使命担当”的伟大号召。

构筑中华民族共有精神家园，必须坚持统一战线，守住意识形态阵地。意识形态领域不存在真空地带，任何一个地带，如果不用党的思想去占领，就会被其他思想观念钻空子。必须强化阵地意识，加强阵地建设和阵地管理。包括哲学社会科学、新闻舆论、文艺文化、民族宗教事物、网络空间等在内的意识形态相关领域，都必须让党的旗帜成为思想引领、价值凝聚、行动指引的最鲜明标识，都必须让党的声音成为统一思想、凝聚力量、团结奋进的最强音。

三、发扬斗争精神，增强斗争本领[①]

“斗争”“斗争精神”“斗争本领”是党的十八大以来习近平总书记反复强调的三个重要概念，把“斗争”二字镶嵌在一个新的时代背景、新的战略任务、新的话语结构中，既一如既往，又不同寻常、意味深长，值得我们深入思考、深刻领会、落实在行动上。

首先，世界百年未有之大变局正在加速演进，世界之变、时代之变、历史之变的特征更加明显，我国发展面临新的战略环境，我们需要应对的风险和挑战、需要解决的矛盾和问题，比以往更加错综复杂。这种情况今后将会更加突出。更重要的是，我们的目标是实现中华民族伟大复兴，而这一宏伟目标绝不是轻轻松松、敲锣打鼓就能实现的，必须勇于进行具有许多新的历史特点的伟大斗争，准备付出更为艰巨、更为艰苦的努力。这是第三个重要背景。因此，面对日益复杂的国际国内大势，面对战略机遇和风险挑战，我们必须增强忧患意识，坚持底线思维，坚定斗争意志，增强斗争本领，以正确的战略策略应变局、育新机、开新局，依靠顽强斗争打开事业发展新天地。

理论链接

我们党依靠斗争创造历史，更要依靠斗争赢得未来。新的征程上，我们面临的风险考验只会越来越复杂，甚至会遇到难以想象的惊涛骇浪。我们面临的各种斗争不是短期的而是长期的，将伴随实现第二个百年奋斗目标全过程。在重大风险、强大对手面前，总想过太平日子、不想斗争是不切实际的，得“软骨病”、患“恐惧症”是无济于事的。“善战者，立于不败之地，而不失敌之败也。”唯有主动迎战、坚决斗争才有生路出路，才能赢得尊严、求得发展，逃避退缩、妥协退让只会招致失败和屈辱，只能是死路一条。我们必须把握新的伟大斗争的历史特点，发扬斗争精神，把握斗争方向，把握斗争主动权，坚定斗争意志，掌握斗争规律，增强斗争本领，有效应对重大挑战、抵御重大风险、克服重大阻力、解决重大矛盾，战胜前进道路上的一切艰难险阻，不断夺取新时代伟大斗争的新胜利。

——习近平：在党的十九届六中全会第二次全体会议上的讲话（2021年11月11日）

---

① 本部分内容选自周文彰《必须培养和保持顽强斗争的精神》，《光明日报》2022年8月4日，此处略有修改。

其次，必须依靠斗争战胜一切风险挑战。斗争，是我们党战胜一切风险挑战、夺取胜利的重要法宝。回顾走过来的路，远的不说，就说党的十八大以来这十年，我们党团结带领人民攻克了许多长期没有解决的难题，办成了许多事关长远的大事要事，经受住了来自政治、经济、意识形态、自然界等方面的风险挑战考验，党和国家事业取得历史性成就、发生历史性变革，这当中的每一个历史性成就和每一个历史性变革，无一不是斗争的结果。尤其是党的十九大以来的这五年，党团结带领人民集中力量打赢脱贫攻坚战，全面建成了小康社会；狠抓资源保护和环境治理，着力推动高质量发展和生态文明建设；蹄疾步稳推进党和国家机构等各项改革；坚决维护国家安全，保持社会大局稳定；大力度推进国防和军队现代化建设，坚决维护台海和平稳定。特别是面对汹涌而来的新冠疫情，我们党通过组织和领导人民战争、总体战、阻击战，取得了世界上最好的抗疫成果。我们依照宪法和基本法有效实施对特别行政区的全面管治权，牢牢把握香港大局。不管国际局势如何变化，我们始终坚定维护国家尊严和核心利益。我们持之以恒地全面从严治党，大力正风肃纪，取得了反腐败斗争的决定性胜利。正如习近平总书记所说，我们取得的一切成就，都是党和人民一道奋斗出来的。

依靠斗争战胜一切风险挑战、夺取各项事业的胜利，这是习近平总书记纵观社会主义发展史、中国共产党百年奋斗史、中华人民共和国史、改革开放史而总结出来的硬道理。马克思主义产生和发展、社会主义国家诞生和发展的历程充满着斗争的艰辛。中国共产党、中华人民共和国，改革开放、新时代中国特色社会主义事业，都是在斗争中诞生、在斗争中发展、在斗争中壮大的。胜利实现我们党确定的目标任务，必须发扬斗争精神，增强斗争本领。

最后，除了顽强斗争，没有别的出路。2022年7月，习近平总书记在省部级主要领导干部“学习习近平总书记重要讲话精神，迎接党的二十大”专题研讨班上指出的“依靠顽强斗争打开事业发展新天地”，包含三层依次递进的重要内容。

一是强调“顽强斗争”。关于斗争，习近平总书记讲过“坚决斗争”“敢于斗争”“善于斗争”，讲过“顽强的斗争精神”，“顽强斗争”显然是根据我们面临的斗争的全面性、长期性和复杂性而提出来的。在2019年秋季学期中央党校（国家行政学院）中青年干部培训班开班式上，习近平总书记指出：“当前和今后一个时期，我国发展进入各种风险挑战不断积累甚至集中显露的时期，面临的重大斗争不会少，经济、政治、文化、社会、生态文明建设和国防和军队建设、港澳台工作、外交工作、党的建设等方面都有，而且越来越复杂。”几年来的形势发展表明，这一重要判断是非常正确的。习近平总书记提出“顽强斗争”，就是明确要求我们的各项斗争必须做到“坚强”、“强硬”和“不屈不挠”。

二是强调“依靠”顽强斗争。当前，我国面对的国际局势急剧变化，要想维护国家尊严和核心利益，牢牢掌握发展和安全主动权，除了顽强斗争，没有别的出路；面对突如其来的新冠疫情，要想最大限度保护人民生命安全和身体健康，除了开展抗击疫情人民战争、总体战、阻击战，没有别的办法……我们必须牢固树立“依靠顽强斗争”去战胜一切风险挑战的意识，来不得半点幻想。

三是明确指出顽强斗争是为了“打开事业发展新天地”。这就指明了斗争的目的和方向。中国共产党人的斗争是有方向、有立场、有原则的，大方向就是坚持中国共产党领导和我国社会主义制度不动摇。凡是危害中国共产党领导和我国社会主义制度的各种风险挑战，凡是危害我国主权、安全、发展利益的各种风险挑战，凡是危害我国核心利益和重大原则的各种风险挑战，凡是危害我国人民根本利益的各种风险挑战，凡是危害我国实现第二个百年奋斗目标、实现中华民族伟大复兴的各种风险挑战，只要来了，我们就必须进行坚决斗争，而且必须取得斗争胜利。[①]面对美国少数政客挑起的贸易制裁和经济技术壁垒，以习近平同志为核心的党中央针锋相对地提出构建以国内大循环为主体、国内国际双循环相互促进的新发展格局。今天，面对一切孤立、打压中国的企图，我们的方针和原则就是“依靠顽强斗争打开事业发展新天地”。

新时代进一步发扬斗争精神，增强斗争本领，必须增强底线意识、红线意识、危机意识、忧患意识，有效抵御各方面的风险挑战，切实防范化解意识形态领域的风险隐患。

延伸阅读

坚持底线思维，着力防范化解重大风险[②]（节选）

防范化解重大风险，是各级党委、政府和领导干部的政治职责，大家要坚持守土有责、守土尽责，把防范化解重大风险工作做实做细做好。要强化风险意识，常观大势、常思大局，科学预见形势发展走势和隐藏其中的风险挑战，做到未雨绸缪。要提高风险化解能力，透过复杂现象把握本质，抓住要害、找准原因，果断决策，善于引导群众、组织群众，善于整合各方力量、科学排兵布阵，有效予以处理。领导干部要加强理论修养，深入学习马克思主义基本理论，学懂弄通做实新时代中国特色社会主义思想，掌握贯穿其中的辩证唯物主义的世界观和方法论，提高

---

① 参见《习近平谈治国理政》第3卷，外文出版社2020年版，第226页。

② 这是习近平总书记在省部级主要领导干部坚持底线思维，着力防范化解重大风险专题研讨班开班式上的讲话要点。参见《习近平谈治国理政》第3卷，外文出版社2020年版，第223页。

战略思维、历史思维、辩证思维、创新思维、法治思维、底线思维能力，善于从纷繁复杂的矛盾中把握规律，不断积累经验、增长才干。要完善风险防控机制，建立健全风险研判机制、决策风险评估机制、风险防控协同机制、风险防控责任机制，主动加强协调配合，坚持一级抓一级、层层抓落实。

防范化解重大风险，需要有充沛顽强的斗争精神。领导干部要敢于担当、敢于斗争，保持斗争精神、增强斗争本领，年轻干部要到重大斗争中去真刀真枪干。各级领导班子和领导干部要加强斗争历练，增强斗争本领，永葆斗争精神，以“踏平坎坷成大道，斗罢艰险又出发”的顽强意志，应对好每一场重大风险挑战，切实把改革发展稳定各项工作做实做好。

第五章 提升意识形态的文化凝聚力

文化是一个民族、一个国家的根基、血脉和灵魂，是一个民族区别于其他民族、一个国家区别于其他国家的特有精神财富和独特精神标识。新时代做好意识形态工作，必须加强文化建设。要始终坚持和加强党对意识形态工作的全面领导，强化文化引领、文化塑造、文化浸润、文化支撑，唱响主旋律、筑牢主阵地、建强主力军、打好主动仗，提升领导干部对意识形态的文化传承力、转化力、创新力，增强意识形态的文化凝聚力。

一、文化：民族的“根家力福”[①]

文化是人类生存方式和生活样态的综合反映，是一个民族区别于其他民族的独特标识。文化是历史的，文化的产生源于长期的历史积淀。文化是现实的，文化的发展演进轨迹深刻影响和表征着一个民族、一个国家的历史进程。从发展的视角来看，愈演愈烈的全球化进程深刻改变着不同文化间的传播速度、交往广度和影响程度。在这一背景下，围绕文化的个性与共性之间的张力

① 本部分内容节选自周文彰《文化：民族的根家力福》，《光明日报》2012年12月5日，此处略有修改。

被不断拉大，同一文化内和不同文化间的碰撞冲突不断加剧、相互影响不断加深。在内部与外部、主动与被动、追赶与超越的多重压力下，文化转型与价值建构的重要性和紧迫性日益突显。①

文化是什么？人们对此展开了长期的、多角度的研究，取得了大量的有价值的研究成果，可供领导干部学习和思考。从我们的角度看，文化是民族的“根家力福”。

第一，文化是民族之根。习近平总书记指出：“中华优秀传统文化是中华文明的智慧结晶和精华所在，是中华民族的根和魂，是我们在世界文化激荡中站稳脚跟的根基。”②文化是民族之根，这里的“根”包含根脉、根本、根基三层含义。

文化是民族的根脉。通过悠久的历史积淀而形成的文化，例如语言符号、风俗习惯、道德规范、价值取向、生活方式、交往方式等，是一个民族的根本标志，也是这个民族的根脉。习近平总书记强调，中华优秀传统文化是中华民族的文化根脉，其蕴含的思想观念、人文精神、道德规范，是我们中国人思想和精神的内核。③追根溯源，主要是追踪民族的文化。离开了根脉，民族也就没有了历史；丢掉了根脉，也就丢掉了继续发展的起点。

文化是民族的根本。习近平总书记指出：“优秀传统文化是一个国家、一个民族传承和发展的根本，如果丢掉了，就割断了精神命脉。”④民族之所以存在，是因为民族文化的存在；民族成员之间的认同感，是民族文化的认同感。

---

① 参见陈少雷《文化转型与价值建构：问题、视角与路径》，《北京联合大学学报》（人文社会科学版）2019年第3期。

② 《把中国文明历史研究引向深入　推动增强历史自觉坚定文化自信》，《人民日报》2022年5月29日。

③ 参见《习近平谈治国理政》第3卷，外文出版社2020年版，第314页。

④ 参见《习近平谈治国理政》第2卷，外文出版社2017年版，第313页。

文化是民族的根基。任何民族，都必须在根基上生存，在根基上延续。习近平总书记指出：“一个国家、一个民族的强盛，总是以文化兴盛为支撑的，中华民族伟大复兴需要以中华文化发展繁荣为条件。”①

正因为文化是民族之根，文化建设才成为民族的强本固基工程。

第二，文化是民族之家。文化是民族的精神家园。家，是一个人的来源，也是一个人的归宿。离家的日子很孤独，没有家的人很痛苦。民族的家，一是国土，二是文化。国土是民族的物质家园，文化就是民族的精神家园。没有物质家园，民族颠沛流离；没有精神家园，民族就失去认同感和归宿感，民族成员就都成了精神上的流浪儿。

文化不仅是民族的精神家园，还是民族的灵魂。灵魂常用来指代生命，指代人格、良心，指代起主导作用和决定作用的东西。民族灵魂指对民族起主导作用和决定作用的因素。民族的灵魂就是民族的文化。习近平总书记指出：“中华优秀传统文化已经成为中华民族的基因，植根在中国人内心，潜移默化影响着中国人的思想方式和行为方式。”②缺少文化的民族是缺少生命力的民族，这样的民族也就由于缺少起主导和决定作用的主心骨，而很难在世界民族之林中立于不败之地。

正因为民族成员血脉里流淌着民族的文化基因，他们才对本民族具有深厚的家一般的归属感。共同的语言符号、风俗习惯、价值取向、交往方式等，如同血脉，把中华民族凝聚在一起。建设文化，就是强化民族凝聚力。

第三，文化是民族之力。一方面，文化是民族的创造力。创造力是产生新思想、新发现和创造新事物的能力。因此，创造力是民族生存和发展的重要的能力，知识创新、科技创新、制度创新，都要靠创造力。我

① 《习近平关于社会主义文化建设论述摘编》，中央文献出版社2017年版，第3—4页。
② 《习近平关于社会主义文化建设论述摘编》，中央文献出版社2017年版，第115页。

国40多年前发端的改革开放，是中华民族创造力最集中的体现，也是创造力的杰作。民族的创造力就是文化，或者说根源于文化，没有创造力的民族是很难立足的。另一方面，文化是民族的实力。民族的强盛不仅表现为经济、军事、科技等硬实力，也表现为文化的软实力，而且民族硬实力的发展取决于民族的凝聚力、创造力、传播力、影响力等软实力。由文化创造力，特别是文化创意形成的文化经济及其产品，正以越来越快的速度、越来越大的规模、越来越强的力度，转变着发展方式，调整着经济结构，改变着国际贸易和世界民族交往方式，文化经济在国民经济中的比重正在快速上升，由文化创造力形成的文化产业，迅速提升经济、科技、军事实力，使硬实力更硬。当今世界的发展已经表明，文化软实力不硬，硬实力也硬不起来。文化软实力已经无可争辩地变成硬实力家族中的硬成员。更何况，民族的凝聚力、创造力等，本身就是实力。谁不重视文化，谁就不可能壮大实力。

第四，文化是民族之福。立党为公、执政为民的本质要求就是为民造福。领导干部的职责使命，也是为民造福。人民幸福既靠物质，也靠文化。

文化本来就是人的生活，一部人类生活的发展史，就是文化含量不断增加、质量不断提高的历史。没有文化的生活是野蛮人的生活，是蒙昧人的生活。“我们讲改善民生，文化应该是一个很重要的组成部分；我们讲公平公正，文化应该是一个不可或缺的重要体现；我们讲幸福指数，文化应该是一个很重要的衡量尺度；我们讲生活质量，文化应该是一个显著的标志。”①

为民造福，就要为民提供文化。让人民加快幸福，就要加快繁荣和发

① 云杉：《文化自觉 文化自信 文化自强——对繁荣发展中国特色社会主义文化的思考》(上)，《红旗文稿》2010年第15期。

展中国特色社会主义文化。不重视文化，或者在文化上无所建树，就是不完全的为民造福。

二、树立正确的文化价值观①

人们对各种文化现象和文化行为的看法和态度，构成了我们所说的文化价值观的主要内容。众所周知，价值是主体与客体之间的一种关系，指客体对主体的利害关系、善恶关系、美丑关系，换句话说，指客体对主体的意义。文化价值观是人们关于文化的利害、善恶、美丑等问题的总看法和总观点，反映文化对人的意义。文化价值观对文化建设、文化消费的动力作用和导向作用是显而易见的。一个社会，占主导地位的文化价值观如何，文化建设的方向和内容也就如何；一个人，有什么样的文化价值观，也就会有什么样的文化价值追求、文化情趣和文化消费行为。因此，加快我国先进文化建设，要求我们毫不含糊地树立正确的文化价值观。

（一）树立正确的文化价值观，是当前文化建设的迫切要求

改革开放以来，我国文化发展虽保持先进文化不断发展壮大且始终占主导地位的总态势，但也逐步出现了一些突出而复杂的现象，从而导致了文化价值观出现问题。文化上出现的突出而复杂的现象，导源于我国经济社会生活中逐步形成的三个重要的新情况。

一是开放的格局。经过多年的努力，我国已经形成了全方位的对外开放格局。在开放的条件下，我国与世界的联系越来越广泛、越来越紧密，

① 本部分内容选自周文彰《论文化价值观》(上)(下)，《中国党政干部论坛》2006年第10期、第11期，此处略有修改。

过去那种闭关自守状态下不存在的问题，伴随着对外开放的进程，纷纷开始出现。比如，各种外来的文化和观念，随着经济社会的开放，纷纷涌向我国，进入人们的头脑和生活；同时，人们也可以轻易地通过报纸、广播、电视、网络等媒介，了解外部世界，自觉或不自觉地接受着各种文化和观念的影响和熏染。

二是快速的发展。我国改革开放取得伟大成果，经济、政治、教育、科技等领域呈现出全面快速发展的局面，速度之快可以说超出了任何人的想象。人们甚至不可能预见两年以后某些领域的发展情况。比如计算机和互联网的发展，现在的情形与几年前相比就有了很大的不同，而几年后的发展也是我们今天所难以精确描述的。快速的发展几乎使人们每天都面临着新情况，几乎使人们每天都发生着观念、情趣等的变化，以至于曾经流行的歌曲、电子游戏、服饰、发型等，很快成为过去；一度受到热捧的明星大腕儿、影视作品、文学偶像等，很快变成过眼云烟。

三是思变的心态。开放的格局、快速的发展，自然也引发和培育了人们思变的心态。过去那种长期安于现状、不求新不求变的现象，已经不多见了；绝大多数人不满足于现有的发展、现有的进步，期盼着收入的进一步增加，生活状况、工作环境的进一步改善，包括期盼着文化生活变得更加丰富多彩。过去人们多年津津有味地观看几部“样板戏”的文化消费现象，今天在大多数人那里，特别在青少年那里，已经完全成为不可思议的事情。

社会生活中的开放格局、快速发展和思变心态，加上其他种种因素，使我国的文化构成、文化形态等方面，呈现出一些突出而复杂的现象，特别集中地表现为多元、多层、多样三种情况。

首先是多元，指各种不同性质的文化在我们生活中同时存在。比如，从阶级性上划分，有无产阶级的文化、资产阶级的文化；从时代上划分，有社会主义的文化、资本主义的文化、封建主义的文化；从社会影响上划分，有进步的文化、颓废的文化，有健康的文化、有害的文化；等等。它们几乎同时存在，构成了我们周围的文化现实和文化环境。

其次是多层，指同一性质的文化有不同的层次。比如人们通常划分的高雅文化、通俗文化，都可以是健康文化；现在人们经常谈论的草根文化、精英文化，也属于文化层次的划分。无论哪一个性质的文化，大致可分为高、中、低三个层次，并且在我们的生活当中同时存在。

最后是多样，指文化载体的多样性。也就是说，多元的、多层的文化，可以用不同的载体来表现。过去文化的载体比较单一，表现形式也单一，人们的文化信息来源主要集中在纸质媒介，大众的文化生活主要是看电影、听广播。现在的文化载体层出不穷、丰富多彩，电子媒介、互联网络早已进入寻常百姓家。

文化的多元、多层、多样的复杂局面，显然既有对外开放过程中的鱼龙混杂，也有经济社会快速发展的自然产物，还有人们思变心态驱使下的刻意追求。呈现在我们面前的五颜六色、千姿百态，甚至千奇百怪的文化，给我们提出了一个严肃的话题：应当如何看待和对待这些文化？应当怎样去引导和管理文化发展和文化消费？所有这些，都取决于我们的文化价值观，取决于我们能否采取实事求是的态度，对各种文化现象作出科学的价值判断。

毫无疑问，我国发展先进文化的态度是鲜明的，目标是明确的，我们所取得的文化成就是有目共睹的，占支配地位的文化价值观也是正确的。但只要我们稍微留心就会发现，当前人们在文化价值观上存在的问题也是显而易见的。概括而言，有三种错误的文化价值观值得我们反省：一是模糊的文化价值观。有些人，分不清文化的利害、善恶、美丑，并且他们也不想分清，从来不细究这些问题。有的甚至认为，凡是参与面广泛的，都是可以理解的；凡是流行的，都有存在的理由，因而随波逐流，听之任之。二是错位的文化价值观。本来我们对待文化的利害、善恶、美丑问题，应当标准明确、态度坚决，但在有些人身上却错位了。明明是健康有益的文化，往往得不到大力的支持和提倡；明明是颓废没落的文化，往往得不到及时的批评和制止。三是颠倒的文化价值观。这种文化价值观把利当成害，把害当成利；把美当成丑，把丑当成美；把善当成恶，把恶当成善，完全颠倒了价值判断的标准。

现实生活中存在的种种错误的文化价值观，在管理者方面，造成文化生产、文化市场、文化消费等的调控或引导不到位；在消费者方面，造成文化欣赏和文化消费格调低下、美丑错位、荣辱颠倒等种种问题，严重地影响着我国先进文化的发展和传播，影响着社会肌体的健康与进步。比如，一些负面信息通过各种途径特别是互联网广泛传播，一些格调低下、趣味庸俗的娱乐节目充斥着电视荧屏，一些毫无观赏性、缺乏艺术价值的所谓商业“大片”被大肆炒作。这类现象，警示我们文化价值观上存在的问题不容小觑，应引起全社会每一个社会成员，特别是意识形态领域领导干部的高度重视，并认真加以解决。

（二）从总体上认识文化的价值和意义，是正确文化价值观的宏观要求

树立正确的文化价值观，首先要求我们从总体上正确认识文化的价值和意义，从而端正我们对文化的总的态度。

第一，文化是政治。文化是政治，首先是指要从政治上看文化，文化不单纯是文化，而是具有深刻政治意义的；对文化的态度，本质上是对政治的态度。是不是大力繁荣文艺，是不是扎实地发展教育，是不是真正地重视科技，实质上就是是不是认真地履行自己的政治责任。要建设

中国特色社会主义，不抓文艺，不抓教育，不抓科技，就是对自己政治责任的疏忽。现在一些农村地区缺这缺那，但最缺的是文化。因此，如何发展和繁荣农村地区的文化，是政治的要求。抓不抓先进文化的建设，先进文化发展的状况怎么样，直接关系到人民群众的精神文化需求的实现和满足与否。

文化是政治，还体现在文化的内容上。我们知道，并不是所有的文化都是政治，比如语言学家们一般认为语言不具备意识形态属性，没有阶级性，所以语言本身不是政治。科学作为一种文化现象也不是政治。但是，很多文化的内容是反映政治的，就是说，文化中有政治。邓小平同志就曾深刻地指出："文艺是不可能脱离政治的。"[①] 其他如道德、宗教等文化现象，都与政治分不开。即使是不具备意识形态属性的语言，它所表达出来的意思和内容，也是有政治性的。可见，在文化的总体构成中，除自然科学以外的文化内容大都具有鲜明的阶级性，都是对特定阶级利益的反映，因而具有鲜明的政治性。

第二，文化是形象。无论对于我们个人，还是对于一个群体、一个地区，乃至一个民族、一个国家而言，有没有文化，文化水平的高低，都是形象优劣的重要标志。如果一个人满腹经纶、举止得体、讲话有水平、看问题准确稳妥，人们就会说，这个人文化素质高，从而他就树立起了良好的形象。改革开放以来，很多地方一心一意地打造文化名片、文化品牌，塑造和传播本地形象，取得了很好的效果。比如，人们通过风筝节了解潍坊，通过冰雕节了解哈尔滨，通过世博园了解昆明。还比如，广东东阳的木雕、河北吴桥的杂技、海南大致坡的琼剧，都成为当地的文化品牌和文化形象。

从历史学的角度说，没有文化就是野蛮和蒙昧，没有文化的人是自然

① 《邓小平文选》第2卷，人民出版社1994年版，第256页。

人不是社会人，没有文化的地区是未开化的地区。从现实生活来看，欠发达地区之所以给人落后的感觉，除经济层面的因素外，文化也是一个突出的因素。由于地区文化不发达、个人文化素质不高，很容易产生愚昧、懒惰和贫困。所以衡量一个地区是不是落后，经济是一个指标，文化也是一个突出的指标；经济落后的形象、文化落后的形象，都是需要我们下气力加快扭转和改变的形象。

第三，文化是环境。文化是我们赖以生存和发展的生活环境，是子孙后代的成长环境，也是人才和资本的培育环境。文化作为环境，可以被分解成以下三个要素。

一是文化氛围。一个地方，文化设施很齐全，文化活动很丰富，文化市场很发达，人们举止文雅、谈吐得体，甚至谈古论今，那么我们就会说，这里的文化氛围很好，这里的环境很吸引人。改革开放以来，我国逐步营造出解放思想、实事求是、与时俱进、求真务实的文化氛围，大大激发了人们的创造和创新热情，吸引了大批海外人才来我国创业发展。在一些发达国家，我们常常看到，无论是乘坐地铁，还是躺在草地上晒太阳，很多人总是书不离手，这是另一种文化氛围。生活在这种文化氛围中，人们能潜移默化地受到熏陶。这对个人素质的提高，对社会的发展，无疑都会起到积极的促进作用。文化氛围在不同地方会表现出不同特点，比如，企业的文化氛围会更多地突出经济效益，政府机关的文化氛围应更充分地体现服务和效率，而学校的文化氛围则要特别有利于学习和研究。

二是人的素质。文化作为环境，还表现在人的素质上。一个地方，如果人的素质普遍较高，环境就好；反之，就会出现很多不尽如人意之处。从这个意义上说，素质就是环境。一个单位，如果高素质的人多了，不仅能大大提高办事效率，提升管理和服务水平，而且能形成一个相互切磋、相互促进、你追我赶、共同提高的学习环境。人的素质取决于很多因素，但最主要的是文化素质。所以当我们把文化作为环境来讨论的时候，不能不提到人的素质。教育的最基本的目的就是全面提高公民的素质，借助人的素质的提高，我们就能优化所处的环境。

三是社会道德水平。道德是文化的核心内容，因此，文化作为环境，自然包括道德环境。无论何时，社会道德水平总是衡量一个地方环境好坏的重要指标。如果一部法律、一项制度制定出来后，大家都千方百计寻找豁免权，寻找特殊化，寻找不遵守规矩时的宽恕，那么，无论是法律的还是道德的环境，都是很难形成的。因此，提高社会道德水平，是我们文化建设的重要任务。

第四，文化是生活。文化本来就是人的生活。正如马克思在《资本论》中所讲的那样，人除了要满足吃、喝、住这些自然需要外，还必须“满足精神的和社会的需要”①。也就是说，人类的生活不仅需要物质的食粮，也需要精神的食粮。唱歌、绘画、书法、摄影、娱乐等文化活动，不仅是人的文化学习和文化创造行为，而且它们本身就是人的生活。没有文化的生活不是完整的生活，人总是生活在文化中，只是文化的层次和水平不同而已。在今天的中国，文化生活的多少、质量的高低，越来越成为衡量生活水平和质量的重要标准。当人们有更多的闲暇时间读书、看报、听音乐，进行各种文化消费和文化创造的时候，就意味着已经超越温饱，过上了富裕的生活，社会生产力已经到了很高的发展阶段。从这层意义上看，文化生活时间的多少、质量的高低，还是社会发展、经济发展的指示器。文化作为生活，更是人的全面发展的要求。在马克思、恩格斯构想的人的全面发展中，文化生活是一个重要内容。在他们看来，

---

① 《马克思恩格斯全集》第23卷，人民出版社1972年版，第260页。

共产主义社会中一个全面发展的人的生活，应该是“随自己的兴趣今天干这事，明天干那事，上午打猎，下午捕鱼，傍晚从事畜牧，晚饭后从事批判，这样就不会使我老是一个猎人、渔夫、牧人或批判者”①。从事批判，就是指人的精神文化生活。他们还指出，人的全面发展的过程也是人类迈向自由王国的过程，而“文化上的每一个进步，都是迈向自由的一步”②。所以就人的全面发展来讲，人类是越来越需要文化生活的。人类生活从低级到高级、从蒙昧到文明的发展过程，实际上就是生活中文化的含量不断增加、提高的过程。要实现共产主义理想社会的目标，我们必须提高人们的文化生活水平。当前各级党委和政府要摆脱对GDP增长的崇拜，摆脱那种重经济轻社会、重眼前轻长远、重增长轻环境的片面的发展观，狠抓文化建设，让文化进入寻常百姓家，让人民群众拥有越来越多的时间和能力受到文化的熏陶。文化的含量越高，人们的生活质量就越高。

第五，文化是经济。文化是经济可以从两个层面来理解：一是文化能推动经济发展。在文化与经济相互融合的今天，经济的发展已经离不开文化的参与和支撑，所以我们不能就经济抓经济，就发展抓发展，而是要通过发展文化来促进经济发展。我们知道，人是首要的、最活跃的生产力，而文化工作就是人的工作，文化能提高人的素质，振奋人的精神，带动科技创新，从而推动生产力的发展。历史证明，劳动者文化素质的每一次提高，科学技术的每一次创新和进步，总是带来生产力的飞跃和经济建设的高涨。可惜，现实中并不是所有的领导干部都能认识到这个道理，有些同志误解了文化与经济的联系，认为经济建设是“硬任务”，文化建设是“软任务”，所以一手硬，一手软；或者认为文化建设是只有

① 《马克思恩格斯选集》第1卷，人民出版社2012年版，第165页。
② 《马克思恩格斯选集》第3卷，人民出版社2012年版，第492页。

投入、没有产出的长期工程，不容易出“政绩”，因此舍不得花气力抓文化。实际上，真正有眼光、有头脑的领导干部，都十分清楚文化推动经济发展的独特作用，非常重视宣传文化工作，都把文化建设作为促进经济社会全面发展的一个硬招、绝招来抓，并取得了实实在在的成效。

二是文化能够直接创造经济效益。文化不仅具有意识形态属性，而且具有商品属性，能够成为产业，创造物质财富。今天，我们对文化的产业属性的认识越来越清楚，进而越来越自觉地把文化作为产业来发展。从这个意义上讲，文化就是经济；我们可以而且应当把文化产业列为国民经济的一个重要产业。现在，文化产业已经成为许多发达国家的支柱产业，在整个国民经济中所占的比重越来越大。所以发展文化产业，就是发展经济产业；发展文化，就是创造经济财富。

文化的多重价值和意义，需要我们进一步研究和发掘。我们必须高度重视文化的价值，全面认识文化的意义，提高发展文化的本领、手段和能力，更加自觉地大力发展文化事业和文化产业。

（三）正确判断具体文化现象的利害、善恶、美丑，是正确文化价值观的微观任务

如果说从总体上正确认识文化的价值和意义，是正确文化价值观的宏观视角，那么，对各种具体的文化现象作出利害、善恶、美丑的价值评价，从而决定我们对它是支持、提倡，还是反对、制止，便是正确文化价值观的微观任务。在日常生活中，面对日益多元、多层、多样的文化现象，树立正确的文化价值观，更多的是要执行和完成好这种微观任务。

正确的文化价值观并不笼统或盲目地排斥文化的多样性。恰恰相反，我们发展文化的基本态度是“坚持为人民服务、为社会主义服务的方向

和百花齐放、百家争鸣的方针，弘扬主旋律，提倡多样性”，使人们的文化生活更加多彩多姿，使人人都有享受文化成果的充分权利。这里的关键是“坚持为人民服务、为社会主义服务的方向”，分清多样性的文化现象的利害、善恶和美丑，正确判断它们的价值。文化无论属于哪种性质，无论处于哪种层次、表现为哪种样式，都不是清一色的。有的文化是有害的，有的文化是有益的；有的文化是恶的，有的文化是善的；有的文化是美的，有的文化是丑的。关键看我们用什么标准来判断。颠倒文化价值观，就是颠倒了文化价值的判断标准。

第一，坚持正确的文化价值的判断标准。要正确判断各种文化的价值，就要解决文化价值的判断标准问题。人们在文化价值观上的错位和颠倒，说到底，就是判断标准的错位和颠倒。那么，我们到底应该用什么标准来判断文化价值呢?

判断文化价值的标准主要有两条。一条是能不能构成健康有益的社会生活。能构成健康有益的社会生活的文化，就是应当支持和提倡的；否则，就是应当反对和制止的。另一条是能不能推动社会进步。能够推动社会进步的文化就是应当支持和提倡的；否则，就是应当反对和制止的。这两条标准，是对“坚持为人民服务、为社会主义服务”的具体运用。坚持了这两条标准，也就是坚持了马克思主义的历史原则和科学原则。马克思曾经指出：“要研究精神生产和物质生产之间的联系，首先必须把这种物质生产本身不是当作一般范畴来考察，而是从一定的历史的形式来考察。例如，与资本主义生产方式相适应的精神生产，就和与中世纪生产方式相适应的精神生产不同。如果物质生产本身不从它的特殊的历史的形式来看，那就不可能理解与它相适应的精神生产的特征以及这两种生产的相互作用。”[①]同样道理，一种文化先进与否，也是具体的、历史

① 《马克思恩格斯全集》第26卷(第一册)，人民出版社1972年版，第296页。

的，要把它放在推动社会进步这样一个历史长河中考察。如果一种文化能够推动社会进步，那么它就是先进的；否则，就是落后的。而马克思主义的科学原则告诉我们，一种文化是否值得支持和提倡，要看它能否科学地反映、体现人类社会生活的规律和发展趋势。追求健康有益的生活，是人类社会生活规律和发展趋势的集中体现。因此，值得支持和提倡的文化，就是要科学地反映人类社会生活的规律和发展趋势，能够构成健康有益的社会生活。

第二，对不同的文化采取不同的态度。根据上述标准，面对多元、多层、多样的文化，我们的正确态度应当是：大力发展先进文化，支持健康有益文化，努力改造落后文化，坚决抵制腐朽文化。

大力发展先进文化，就是发展面向现代化、面向世界、面向未来的，民族的科学的大众的社会主义文化，以不断丰富人们的精神世界，增强人们的精神力量。要做到这一点，必须唱响主旋律，必须坚持以科学的理论武装人，以正确的舆论引导人，以高尚的精神塑造人，以优秀的作品鼓舞人。

支持健康有益文化。这类文化算不上先进，但是它肯定没有害处。而且，它对于丰富生活、愉悦心情、活跃气氛、增进友谊、激发智慧、消除疲劳、促进健康等，具有积极作用，因而被称为健康有益文化。大众日常生活中流行的或不断生成的，一般属于这种文化。我们可以看到，对健康有益文化的界定，打破了长期以来非此即彼的形而上学思维方式（这种思维方式认为，一种文化，不是革命的就是反动的，不是先进的就是落后的，忽略或否定了很多处于中间状态的文化）。

努力改造落后文化。落后文化中虽然也有外来文化，但主体部分属于历史上流传下来的传统文化。这类文化之所以是落后的，就在于它落后于时代，落后于社会进步，落后于群众的主观意愿或欣赏情趣。它要么是形式落后，要么是内容落后，要么是群众参与的方式落后。

坚决抵制腐朽文化。当前，我们要旗帜鲜明地反对以下几种腐朽文化。其一，奢侈文化。比如，讲排场，摆阔气，贪图享乐，大搞毫无实际效果、劳民伤财的节庆活动，违背客观实际和群众意愿大搞“形象工程”或“政绩工程”等。其二，封建迷信文化。各种封建迷信活动有沉渣泛起之势，比如,占卜算命、巫婆神汉装神弄鬼谋财害命、办公场所驱邪做道场、烧香拜佛求官运等。对这样或那样的形形色色的封建迷信文化，我们历来都坚决反对，当前更需要如此。其三，反道德文化。违背传统美德、革命道德的行为，以及宣扬这一类行为或其他背离道德行为的文化活动或文化作品，都属于我们所说的反道德文化，必须旗帜鲜明地坚决抵制。

第三，适度吸收利用三类文化。我们可以形成这样一种共识：坚持正确的文化价值观，基本要求就是高举中国先进文化的前进旗帜，保持日常健康有益的文化消费。当前，随着我国经济的高速发展、社会的全面开放、人们生活的改善和休闲时间的增多，消遣文化的氛围越来越浓，外国文化习俗越来越多地走进人们的生活，历史文化题材的文艺作品经久不衰。这三类文化消费、文化吸收和文化生产，都有一个适度的问题需要引起我们的重视。

消遣文化可以参与但不可沉迷。这里所说的消遣文化主要指日常休闲娱乐一类的文化活动。对于消遣娱乐文化，社会应当发展，个人也可以积极参与，但绝对不可以放纵、沉迷。适度为之，才可以调节生活节奏，有益于身心健康。但如果毫无节制，沉迷于消遣娱乐，就会物极必反，不仅会伤害身心，而且严重影响工作，影响生活，甚至影响家庭和谐，影响对子女的教育和培养。

外国文化习俗可以适当借鉴但不可盲目照搬，更不能喧宾夺主。改革开放以来，我们吸收借鉴了外国的一些文化习俗，例如创办了“教师节”“护士节”“记者节”等，这些外国的劳动者节日，经过吸收改造，成了我国自己的法定节日，收到了很好的社会效果。但现在有些人热衷于过洋节，有的甚至盲目信奉西方的个人主义、自由主义思想，对于西方敌对势力通过文化对我国实行“西化”“分化”的图谋，丧失应有的认识和警觉，盲目接受模仿。这种状况必须立即改变。

历史文化题材可以发掘利用但不能厚古薄今。中华民族历史悠久，文化底蕴深厚，有非常优秀的传统文化值得我们发掘利用。同时，由于封建主义的思想文化在我国的影响很深，遗留的糟粕也不少，需要我们坚决地剔除。总之，在对待历史文化上，虚无主义或复古主义的态度皆不可取，应当去糟取精、古为今用。

文化建设在我国是一项紧迫而长期的系统工程，引导人们树立正确的文化价值观，是实施好这项工程的思想保证。建设中国特色社会主义的客观需要，是正确的文化价值观的实践依据。而人们的世界观、人生观和价值观，是每一个人树立正确的文化价值观的总的思想开关。可见，树立正确的文化价值观，需要我们从多方面去努力。

三、明确文化建设的重点任务和目标①

我们一起来思考这样一个问题：文化建设包括哪些内容？文化建设应当着重抓什么？

（一）普遍的文化教育

建设文化首先要让公民受到文化教育，不仅适龄儿童能够上学，而且

① 本部分内容选自周文彰《宣传工作：忠诚与创新》，大有书局2021年版，第300—305页，此处略有修改。

成年人也能够得到继续教育，因为只有通过文化教育，才能够不断提高人口素质。可以想象，假如中国的每一个人都能读书看报，都能识文断字，党中央的一系列政策法规，一定能比现在贯彻得更好；一切歪风邪气，一定会受到更加有力的抵制；一些官员的胡作非为，就无藏身之地。文化教育对一个地区的发展太重要了。一个时期以来，我们国家大力扫黄打非，打击假冒伪劣，但这个打击只是权宜之计。根源在哪里？根源在于原来不合格的文化教育、不普及的文化教育。如果我们只是打击这类东西，而不加大教育的发展力度，那么今天未成年人遇到的问题还会继续。所以要真正解决问题，就要办好教育。教育青少年是如此，经济、社会全面发展也是如此，关键在教育。凡事都要抓根本，教育就是根本。所以，文化建设的第一个重点就是大力加强和发展文化教育。

（二）浓厚的文化氛围

加强文化建设，就要营造浓厚的文化气息、文化环境、文化氛围，让我们时时处处都感到我们生活在发达的文化社会当中。言谈举止充满文化品位，环境布置、店铺门面非常高雅，研讨会、报告会具有很高的文化水准，甚至买回一个产品的包装都富有文化韵味，所有这些都叫文化氛围。这种氛围对个人素质的提高、对社会的发展进步都有重要影响。

大到一个社会，小到一个单位、一个家庭都应重视文化氛围。文化氛围是多方面的，是由社会中的每一个个体综合而成的，而不是一个方面、一个人就能构成的。对党员领导干部来说，营造浓厚的文化氛围，必须润物无声、绵绵用力、久久为功。

（三）丰富的文化生活

我们建设文化，要在丰富文化生活上狠下功夫，要不断增添文化设施，发展文化事业，组织文化活动，让人民群众参与文化创造，享受文化生活。人民群众是需要文化生活的，领导干部的工作不是以自己为依据，不是从个人的需要和爱好出发，而是要考虑群众的需要、人民的需要，把丰富文化生活看作是“人民对美好生活的向往”的重要组成部分。各级党委和政府特别是宣传、文化主管部门，要本着“以人民为中心”的新发展理念，把丰富人民文化生活作为重大责任。每一个群众组织，如作家协会、舞蹈家协会、书法家协会、摄影家协会、美术家协会等，要组织广大文学文艺工作者为人民创作丰富多彩的文化产品。要鼓励支持民间文化组织，如各种文化社会团体、民间文化服务机构等，以丰富文化生活为着力点，开展各类文化活动。

（四）健康的道德风尚

在文化建设中，有一项重要的任务和内容就是树立健康的道德风尚。一个地方文化高低的一个衡量指标是道德水准。道德不好问题就很严重，假冒伪劣、“吃拿卡要”永远打不完；做公务员不像公务员，缺乏敬业立业精神，甚至以权谋私、贪赃枉法；打架斗殴，邻里不和……所有这些都是道德问题，根子在道德。官要培养官德，商要培养商德，教师要培养师德，医生要培养医德，等等。有多少行当就要培养多少德。文化建设和文化工作要把思想道德教育，特别是践行社会主义核心价值观贯穿始终，让干部群众在欣赏优秀的文化产品、参加喜闻乐见的文化活动中受熏陶、受感染、受教育，培育健康的道德风尚。

（五）发达的文化产业

长期以来，文化被我们看作事业，文化是政府投入，文化工作是“铁饭碗”“铁交椅”。满足人民群众基本文化需求的文化事业是公益性的，应当继续大力发展，但要深化改革。同时运用社会主义市场经济体制大力发展文化产业，是建设文化强国的必由之路。文化产业是经营性的，主要是市场主导，企业运作，目的和任务是繁荣文化市场，满足多层次、多样化的需要。文化产业包括哪些行业呢？根据国家统计局发布的《文化及相关产业分类（2018）》，文化产业分为9个大类、43个中类、146个小类。在9个大类中，1—6大类为文化核心领域，即新闻信息服务、内容创作生产、创意设计服务、文化传播渠道、文化投资运营、文化娱乐休闲服务；7—9大类为文化相关领域，即文化辅助生产和中介服务、文化装备生产、文化消费终端生产。文化产业和文化事业一起成为建设文化强国的两大重要领域。文化建设的一个重要任务，就是要想方设法，用适当的政策和体制调动社会和企业积极性，打造发达的文化产业，推动文化产业成为国民经济的支柱性产业。

延伸阅读

文化既然成为产业，它一定要服从产业发展的一般规律和通行规则，尤其是要遵循市场规律。但是，文化又有它的特殊性，它跟意识形态、跟政治联系得比较紧密，因此它又要遵循社会文明建设的规律。所以，发展文化产业是社会效益和经济效益相统一，社会效益第一。但是，千万别以为强调文化产业社会效益第一，就不要求讲经济效益了。恰恰相反，当文化产品在符合社会文明要求的前提下，经济效益越大，它的社会效益也就越大。比如，一场演艺，如果符合精神文明的要求，那么它的票房价值越高，社会价值也就越高。一部电影、一部电视连续剧，看的人越多，受教育的人也就越多，从而它的经济效益和社会效益就能双丰收。在推动文化产业发展中，政府不能要求文化企业只讲社会效益而不顾经济效益，更不能只重视文化企业的经济效益而不管社会效益。

我们今天大力发展文化产业，不仅仅是为了满足人民群众看电视电影、看书看报等精神文化需求，而且也是为了大力推动经济社会发展。文化产业不仅是一种经济产业，也是推动社会经济发展的一个重大举措。文化固然依赖经济，它依赖经济提供的物质基础，同时文化还是经济发展、社会发展的推动力。因为文化是关于人的工作，它振奋精神面貌，凝聚人心，转变思想观念，开阔视野和眼界。各级政府要把发展文化作为推动社会经济发展的重大举措来抓，而不仅仅是对群众消费需要的满足。如果大家的认识达到这样一个高度，文化发展还会有更大的希望。①

（六）繁荣的文化市场

凡是有利于人民身心健康、有利于社会发展的文化我们都要支持文化企业参与，这样文化市场就会越来越大。要繁荣文化市场，就一定要规范市场。比如，文化行政部门的规范管理，文化从业部门的行业自律，相关部门联合行动管理检查，包括舆论监督。又如，让文化从业者知道从业道德，加强培训。如何规范文化市场，繁荣文化市场？如何使我们的企业文化场所不断积累，繁荣壮大？这是一个重要的课题。搞文化建设，要深化文化体制改革，建构一个既能适应文化市场发展要求，又能管理好文化市场的体制。这个体制包括投资体制、融资体制、文化

① 周文彰：《关于发展文化产业的几个问题》，《北京联合大学学报》（人文社会科学版）2010年第1期。

产业职业经理人制度、文化市场监督管理体制、国有文化资产的管理体制等。

新时代做好意识形态工作，必须深刻把握文化的意义和价值，树立正确的文化价值观，明确文化建设的重点任务和目标，不断提高意识形态的文化凝聚力，进一步发挥“以文载道、以文传声、以文化人”的积极作用。

第六章 提升意识形态的传播影响力

当今时代，信息技术发展日新月异，舆论生态、媒体格局、传播方式发生深刻变化，新时代做好意识形态工作，必须提升意识形态的传播影响力、巩固壮大主流思想舆论，营造风清气正网络空间，讲好中国故事、传播好中国声音，展示真实、立体、全面的中国。

一、巩固壮大主流思想舆论

巩固壮大主流思想舆论是意识形态工作的核心。习近平总书记强调，“要把握正确舆论导向，提高新闻舆论传播力、引导力、影响力、公信力，巩固壮大主流思想舆论”[①]。新时代开创意识形态工作新局面，要立足中华民族伟大复兴战略全局和世界百年未有之大变局，心怀“国之大者”，把思想和行动统一到党中央精神上来，以强大的主流思想舆论统一思想、凝聚力量。

第一，巩固壮大主流思想舆论，必须坚持党性。坚持党性，核心是坚持正确政治方向，站稳政治立场，坚定宣传党的理论和路线方针政策，坚定宣传中央重大工作部署，坚定宣传中央关于形势的重大分析判断，坚

① 《习近平谈治国理政》第3卷，外文出版社2020年版，第312—313页。

决同党中央保持高度一致，坚决维护中央权威。这是大原则，决不能动摇。[①]新闻舆论工作处在意识形态斗争最前沿，是党的一项重要工作，是治国理政、定国安邦的大事。做好党的新闻舆论工作，必须把政治方向摆在第一位，坚持党性原则，坚持党管宣传、党管意识形态、党管媒体，坚持政治家办报、办刊、办台、办新闻网站。[②]意识形态工作既是政治工作，也是业务工作。做好意识形态工作，必须把坚持正确的政治方向放在第一位，讲政治、守纪律、识大体、顾大局，牢牢坚持党性原则，坚持正确的政治方向、舆论导向、价值取向，坚持正面宣传为主，反映人民心声，唱响主旋律，传播正能量。

第二，巩固壮大主流思想舆论，必须坚持人民性。坚持人民性，就是要把实现好、维护好、发展好最广大人民根本利益作为出发点和落脚点，坚持以民为本、以人为本。必须解决好“为了谁、依靠谁、我是谁”这个根本问题。要树立以人民为中心的工作导向，把服务群众同教育引导群众结合起来，把满足需求同提高素养结合起来，多宣传报道人民群众的伟大奋斗和火热生活，多宣传报道人民群众中涌现出来的先进典型和感人事迹，丰富人民精神世界，增强人民精神力量，满足人民精神需求。要坚决克服有些宣传报道脱离生活、不接地气、同群众贴得不够紧的问题，坚决克服一味迎合市场带来的低俗化现象。[③]

第三，巩固壮大主流思想舆论，必须坚持党性和人民性的统一。坚持党性和人民性的统一，是中国共产党做好意识形态工作一以贯之的立场和原则。2013年8月，习近平总书记在全国宣传思想工作座谈会上指出：“党性和人民性从来都是一致的、统一的。”“从本质上说，坚持党性就是

① 参见《习近平关于社会主义文化建设论述摘编》，中央文献出版社2017年版，第24页。

② 参见中共中央宣传部编《习近平新时代中国特色社会主义思想学习纲要》，学习出版社、人民出版社2019年版，第143页。

③ 参见《习近平关于社会主义文化建设论述摘编》，中央文献出版社2017年版，第25—26页。

坚持人民性，坚持人民性就是坚持党性，党性寓于人民性之中，没有脱离人民性的党性，也没有脱离党性的人民性。”这个重大命题的论述，丰富和发展了马克思主义关于党性和人民性的理论，是宣传思想舆论工作必须遵循的总方针和总要求。“坚持党性和人民性相统一，就是要坚持讲政治，把握正确导向，把体现党的主张和反映人民心声统一起来。只有坚持党性、站在党的立场上，才能更好、更全面反映人民愿望。无论是理论研究、宣传报道，还是文艺创作、思想教育，都要把坚持正确导向摆在首位，始终绷紧导向这根弦，讲导向不含糊、抓导向不放松。”[①]

巩固壮大主流思想舆论，关键是激发全党全社会团结奋进、攻坚克难的强大力量。习近平总书记指出：“我们正在进行具有许多新的历史特点的伟大斗争，面临的挑战和困难前所未有，必须坚持巩固壮大主流思想舆论，弘扬主旋律，传播正能量，激发全社会团结奋进的强大力量。”[②]随着信息技术、新兴媒体的蓬勃发展，舆论生态更加复杂多变、舆论影响更加广泛深远，统一思想、凝聚人心、汇集力量的任务更加艰巨，意识形态工作的重要性更加突显。因此，必须通过巩固壮大主流思想舆论，积极统筹各方资源、调动各方力量，让党的声音传得更开、更广、更深入。

理论链接

党性和人民性都是整体性的政治概念，党性是从全党而言的，人民性也是从全体人民而言的，不能简单从某一级党组织、某一部分党员、某一个党员来理解党性，也不能简单从某一个阶层、某部分群众、某一个具体人来理解人民性。只有站在全党的立场上、站在全体人民的立场上，才能真正把握好党性和人民性。把党性和人民性割裂开来、对立起来、搞碎片化，在理论上是错误的，在实践上也是有害的。

——习近平：在全国宣传思想工作座谈会上的讲话（2013年8月19日）

① 参见《习近平关于社会主义文化建设论述摘编》，中央文献出版社2017年版，第26页。

② 《习近平谈治国理政》第1卷，外文出版社2018年版，第155页。

二、营造风清气正的网络空间

随着信息技术的发展和互联网的普及，能不能适应和引领互联网发展，成为决定大国兴衰的关键。围绕网络空间发展主导权、制网权的争夺日趋激烈，意识形态领域发生了前所未有的深刻复杂变化。这种深刻复杂变化，既体现在观念传递、信息传播上，也体现在舆情监控、舆论引导上，还体现在观点争鸣、思想交锋上。互联网已经成为意识形态斗争的主战场、最前沿，新时代做好意识形态工作，必须牢牢掌握网络发展主动权，守好网络意识形态阵地，维护网络意识形态安全。

党的十八大以来，党中央重视互联网、发展互联网、治理互联网，统筹协调涉及政治、经济、文化、社会、军事等领域信息化和网络安全重大问题，作出一系列重大决策、提出一系列重大举措，推动网信事业取得历史性成就。①这些历史性成就为进一步营造风清气正的网络空间奠定了坚实基础。

（一）掌握意识形态主阵地、主战场的主动权

随着互联网时代的到来，信息的传播方式不断迭代、传播规模急剧扩大、传播效率极大提升，信息已经充斥和弥散在人们日常生产生活之中，无处不在、无所不及、无人不用，舆论生态、媒体格局、传播方式都随之发生了深刻复杂的变化，意识形态的工作场景、观念交锋的场域都发生了深刻复杂变化。针对这些变化，习近平总书记指出，“互联网已经成为舆论斗争的主战场”②，“网络意识形态安全风险问题值得高度重视。网

① 参见《习近平谈治国理政》第3卷，外文出版社2020年版，第305页。
② 《习近平关于社会主义文化建设论述摘编》，中央文献出版社2017年版，第28页。

络已是当前意识形态斗争的最前沿"[①]。在这样的背景趋势下，营造风清气正的网络空间至关重要。营造风清气正的网络空间，不仅是促进网络健康发展的必然选择，同时也是新时代做好意识形态工作的重要前提。

营造风清气正的网络空间，必须下好先手棋，把握主动权。掌握意识形态主阵地、主战场的主动权，要从国家发展大局的战略高度，充分认识网络对于做好意识形态工作的重要性。

第一，建设网络强国。2014年2月，中央网络安全和信息化领导小组第一次会议在北京召开，这是中央网络安全和信息化领导小组首次亮相，引发海内外高度关注。习近平总书记出席会议并发表重要讲话，果敢作答信息时代命题，前瞻擘画我国网信事业发展蓝图。"努力把我国建设成为网络强国"的战略目标首次提出，一系列重大部署开始实施，网络强国战略蓝图徐徐展开。在这次会议上，习近平总书记要求创新改进网上宣传，把握好网上舆论引导的时、度、效，使网络空间清朗起来。[②]

第二，实行准入管理。2016年2月19日，习近平总书记前往人民日报社、新华社、中央电视台等3家中央新闻单位实地调研并主持召开党的新闻舆论工作座谈会，习近平总书记强调，"过不了互联网这一关，就过不了长期执政这一关"，"坚持党性原则，最根本的是坚持党对新闻舆论工作的领导"，"要把党管媒体的原则贯彻到新媒体领域，所有从事新闻信息服务、具有媒体属性和舆论动员功能的传播平台都要纳入管理范围，所有新闻信息服务和相关业务从业人员都要实行准入管理"。[③]

第三，营造风清气正的网络空间。2016年4月，习近平总书记在网络

---

① 《习近平关于社会主义文化建设论述摘编》，中央文献出版社2017年版，第36页。

② 参见《彩云长在有新天——习近平总书记指引清朗网络空间建设纪实》，《中国网信》2022年第2期。

③ 参见《彩云长在有新天——习近平总书记指引清朗网络空间建设纪实》，《中国网信》2022年第2期。

安全和信息化工作座谈会上指出："网络空间是亿万民众共同的精神家园。网络空间天朗气清、生态良好，符合人民利益。网络空间乌烟瘴气、生态恶化，不符合人民利益。"习近平总书记明确要求，加强网络内容建设，做强网上正面宣传，做到正能量充沛、主旋律高昂，为广大网民特别是青少年营造一个风清气正的网络空间。①

第四，赢得网上主导权。2018年4月，习近平总书记在全国网络安全和信息化工作会议上的讲话中强调："信息流通无国界，网络空间有硝烟。互联网日益成为意识形态斗争的主阵地、主战场、最前沿。能不能牢牢掌握意识形态工作领导权，关键要看能不能占领网上阵地，能不能赢得网上主导权。"②"坚决打赢网络意识形态斗争，维护国家政治安全。历史和现实反复证明，搞乱一个社会、颠覆一个政权，往往先从意识形态领域打开缺口，先从搞乱人们思想入手。互联网是我们面临的最大变量，在互联网这个战场上，我们能否顶得住、打得赢，直接关系国家政治安全。"③

习近平总书记站在统筹中华民族伟大复兴战略全局和世界百年未有之大变局的高度，立足党和国家事业发展大局和新时代意识形态工作实际，作出关于网络意识形态安全等相关重要论述，深刻阐明了掌握意识形态主战场、最前沿的主动权的重要性和紧迫性，具有很强的政治性、思想性、针对性和指导性。

党的十八大以来，以习近平同志为核心的党中央把建设清朗网络空间摆在重要位置，提出一系列重大论断，作出一系列重要部署，推动网络空间发生历史性、全局性、根本性变革，打赢网络意识形态领域一系列

---

① 参见《彩云长在有新天——习近平总书记指引清朗网络空间建设纪实》，《中国网信》2022年第2期。

② 中共中央党史和文献研究院编《习近平关于网络强国论述摘编》，中央文献出版社2021年版，第55页。

③ 中共中央党史和文献研究院编《习近平关于网络强国论述摘编》，中央文献出版社2021年版，第55—56页。

重大斗争，根本扭转了过去网上乱象丛生、阵地沦陷、被动挨打的状况，网上正能量更加充沛、主旋律更加高昂，社会主义核心价值观深入人心，走出了一条符合中国国情、具有中国特色的治网之道。[①]

（二）让党的声音成为网络空间最强音

俗话说，“要除掉地里的杂草，最好的办法是种上庄稼”。新时代做好意识形态工作，维护网络意识形态安全不能掉以轻心。要加强互联网内容建设，深入实施网络内容建设工程，加强网上正面宣传，用习近平新时代中国特色社会主义思想团结、凝聚亿万网民，发展积极向上的网络文化，创新改进网上宣传，形成网上正面舆论强势。加强网络主流意识形态传播，以正面声音引领多元多样多变的网上舆论，用网民喜闻乐见的方式宣传主流价值，彰显时代精神，引领道德风尚，让党的主张始终成为网络空间最强音。[②]

一是要提高网络综合治理能力。要形成党委领导、政府管理、企业履责、社会监督、网民自律等多主体参与，经济、法律、技术等多种手段相结合的综合治网格局。要加强网上正面宣传，旗帜鲜明坚持正确政治方向、舆论导向、价值取向，积极培育

理论链接

党的十八大以后，党中央从进行具有许多新的历史特点的伟大斗争出发，重视互联网、发展互联网、治理互联网，成立中央网络安全和信息化领导小组，统筹协调涉及政治、经济、文化、社会、军事等领域信息化和网络安全重大问题，作出一系列重大决策、提出一系列重大举措，推动网信事业取得历史性成就。

这些成就主要表现在，一是提出建设网络强国战略目标，网信工作顶层设计和总体架构基本确立，出台《关于加强网络安全和信息化工作的意见》，基本理顺互联网管理领导体制机制，形成全国“一盘棋”工作格局。二是网络意识形态安全得到切实维护，做大做强网上正面宣传，在管网治网上出重拳、亮利剑，打赢网络意识形态领域一系列重大斗争，根本扭转了过去网上乱象丛生、阵地沦陷、被动挨打的状况，网络空间正能量更加强劲、主旋律更加高昂。三是国家网络安全屏障进一步巩固，制定实施网络安全法，加强网络安全保障能力建设，关键信息基础设施安全保护不断强化，网络违法犯罪活动得到有效遏制，全社会网络安全意识和防护能力明显增强。四是网信军民融合取得阶段性成效，网络安全威慑反制能力不断增强。五是注重发挥

① 参见《彩云长在有新天——习近平总书记指引清朗网络空间建设纪实》，《中国网信》2022年第2期。

② 参见中共中央党校（国家行政学院）《习近平新时代中国特色社会主义思想基本问题》，中共中央党校出版社、人民出版社2020年版，第274页。

和践行社会主义核心价值观，推进网上宣传理念、内容、形式、方法、手段等创新，把握好时、度、效，构建网上网下同心圆，更好凝聚社会共识，巩固全党全国人民团结奋斗的共同思想基础。要压实互联网企业的主体责任，决不能让互联网成为传播有害信息、造谣生事的平台。要加强互联网行业自律，调动网民积极性，动员各方面力量参与治理。①

二是强化网络安全意识，树立网络安全观。没有网络安全就没有国家安全，就没有经济社会稳定运行，广大人民群众利益也难以得到保障。要树立正确的网络安全观，加强信息基础设施网络安全防护，加强网络安全信息统筹机制、手段、平台建设，加强网络安全事件应急指挥能力建设，积极发展网络安全产业，做到关口前移，防患于未然。要落实关键信息基础设施防护责任，行业、企业作为关键信息基础设施运营者承担主体防护责任，主管部门履行好监管责任。要依法严厉打击网络黑客、电信网络诈骗、侵犯公民个人隐私等违法犯罪行为，切断网络犯罪利益链条，持续形成高压态势，维护人民群众合法权益。要深入开展网络安全知识技能宣传普及，提高广大人民群众网络安全意识和防护技能。②

三是要提高网络新闻舆论传播力、引导力。让党的声音成为网络空间最强音，必须加强舆论引导。

信息化对经济社会发展的驱动引领作用，“互联网+”行动计划深入实施，数字经济、共享经济蓬勃发展，2017年我国数字经济规模达272000亿元，居全球第二，占国内生产总值的比重从2012年的21.8%增加到了32.9%。六是信息领域核心技术创新取得积极进展，新一代移动通信（5G）、高性能计算、量子通信等技术研究实现突破，一批网信企业跻身世界前列。七是网络空间国际话语权和影响力显著提升，高举网络主权大旗，推动构建网络空间命运共同体，积极参与全球互联网治理进程，创设并成功举办世界互联网大会，中国理念、中国主张、中国方案赢得越来越多认同和支持。八是加快网络基础设施建设和信息化服务普及，网上交易、手机支付、共享出行等新技术新应用广泛普及，电子政务加速发展，网络扶贫扎实推进，社会治理和基本公共服务水平持续提升，人民群众有了更多获得感、幸福感、安全感。

这些成就充分说明，党的十八大以来，党中央关于加强党对网信工作集中统一领导的决策和对网信工作作出的一系列战略部署是完全正确的。

——习近平：在全国网络安全和信息化工作会议上的讲话（2018年4月20日）

① 参见《习近平谈治国理政》第3卷，外文出版社2020年版，第306页。
② 参见《习近平谈治国理政》第3卷，外文出版社2020年版，第306页。

“做好网上舆论工作是一项长期任务，要创新改进网上宣传，运用网络传播规律，弘扬主旋律，激发正能量，大力培育和践行社会主义核心价值观，把握好网上舆论引导的时、度、效，使网络空间清朗起来。”[①] 要把网络舆论工作作为意识形态工作的重中之重来抓。意识形态工作是做人的工作的，人在哪儿，意识形态工作的重点就应该在哪儿。正能量是总要求，管得住是硬道理，用得好是真本事。要抓紧做好顶层设计，打造新型传播平台，建成新型主流媒体，扩大主流价值影响力版图，让党的声音传得更开、传得更广、传得更深入。[②]

（三）各级领导干部要学网、懂网、用网

习近平总书记强调指出，“过不了互联网这一关，就过不了长期执政这一关”[③]。面对互联网的新机遇、新挑战，领导干部必须学网、懂网、用网，只有努力成为运用现代传媒新手段新方法的行家里手，才能做好意识形态工作。

2018年4月，习近平总书记在全国网络安全和信息化工作会议上的讲话中指出：“各级领导干部特别是高级干部要主动适应信息化要求、强化互联网

理论链接

随着新媒体快速发展，国际国内、线上线下、虚拟现实、体制外体制内等界限愈益模糊，构成了越来越复杂的大舆论场，更具有自发性、突发性、公开性、多元性、冲突性、匿名性、无界性、难控性等特点。任何事物都有两面性，新媒体发展也为做好党的新闻舆论工作提供了机遇。要主动借助新媒体传播优势，完善运用体制机制，打通并用好同群众信息交流的新渠道。

——习近平：在党的新闻舆论工作座谈会上的讲话（2016年2月19日）

① 《习近平关于社会主义文化建设论述摘编》，中央文献出版社2017年版，第35页。

② 参见《习近平关于网络强国论述摘编》，中央文献出版社2021年版，第13页。

③ 《习近平关于社会主义文化建设论述摘编》，中央文献出版社2017年版，第42页。

思维。我们的同志是善于学习和运用互联网的，但也有一些同志存在差距。有的同志对信息化很是‘无感’，对互联网发展视而不见。有的同志对互联网可能带来的风险缺乏预判，遇到问题束手无策。有的同志对互联网一知半解，赶时髦、炒概念。有的同志认为互联网是年轻人玩的东西，不学网、不懂网、不用网。党员领导干部要自觉学网、懂网、用网，不断提高对互联网规律的把握能力、对网络舆论的引导能力、对信息化发展的驾驭能力、对网络安全的保障能力。”①

新时代做好意识形态工作，必须把握互联网发展大势，准确识变、科学应变、主动求变，深刻把握意识形态工作在互联网时代的新特点，深刻洞察互联网时代发展的新趋势，切实增强各级领导干部用网治网能力。

一是要在意识形态工作中提高思想认识。领导干部要坚持正确的政治方向、舆论导向和价值取向，把学网、懂网、用网作为新时代做好意识形态工作的必修课。要高度重视网上舆论斗争，加强网上正面宣传，消除生成网上舆论风暴的各种隐患。②

二是要在意识形态工作中切实提高网络能力。领导干部要做到学网、懂网、用网的相互贯通、有

理论链接

现在，各级领导干部特别是高级干部，如果不懂互联网、不善于运用互联网，就无法有效开展工作。各级领导干部要学网、懂网、用网，积极谋划、推动、引导互联网发展。要正确处理安全和发展、开放和自主、管理和服务的关系，不断提高对互联网规律的把握能力、对网络舆论的引导能力、对信息化发展的驾驭能力、对网络安全的保障能力，把网络强国建设不断推向前进。

——习近平：在十八届中央政治局第三十六次集体学习时的讲话（2016年10月9日）

---

① 中共中央党史和文献研究院编《习近平关于网络强国论述摘编》，中央文献出版社2021年版，第11页。

② 参见《习近平关于社会主义文化建设论述摘编》，中央文献出版社2017年版，第54页。

机统一。习近平总书记指出："要解决好'本领恐慌'问题，真正成为运用现代传媒新手段新方法的行家里手。要深入开展网上舆论斗争，严密防范和抑制网上攻击渗透行为，组织力量对错误思想观点进行批驳。要依法加强网络社会管理，加强网络新技术新应用的管理，确保互联网可管可控，使我们的网络空间清朗起来。做这项工作不容易，但再难也要做。天下无难事，只怕有心人。不要怕别人说什么。网上负面言论少一些，对我国社会发展、社会稳定、人民安居乐业只有好处没有坏处。"①

三是要明确目标任务，压实主体责任。"管好用好互联网，是新形势下掌控新闻舆论阵地的关键，重点要解决好谁来管、怎么管的问题。"②要把握好舆论引导的时、度、效，引导广大群众多看主流，不受支流支配；多看光明面，不受阴暗点影响；多看本质，不受表面现象迷惑。③同时，对互联网企业来说，要"压实互联网企业的主体责任，决不能让互联网成为传播有害信息、造谣生事的平台"④。

三、讲好中国故事、传播好中国声音

讲好中国故事、传播好中国声音，这既是中国向世界展示新时代国家形象、进一步提升我国文化软实力的重要战略任务，也是新时代做好意识形态工作的重要内容。

随着中国日益走近世界舞台中央，国际社会对中国取得的举世瞩目的伟大成就、发展奇迹日益关注。同时，我们必须清醒认识到，"国际社会

① 《习近平关于社会主义文化建设论述摘编》，中央文献出版社2017年版，第29—30页。
② 中共中央党史和文献研究院编《习近平关于网络强国论述摘编》，中央文献出版社2021年版，第3页。
③ 参见中共中央宣传部编《习近平总书记系列重要讲话读本》，学习出版社、人民出版社2014年版，第98页。
④ 《习近平谈治国理政》第3卷，外文出版社2020年版，第306页。

对我们的误解也不少，一些西方媒体仍然在‘唱衰’中国。在这样复杂的形势下，尤其需要讲好中国故事，传播好中国声音，向世界展现一个真实的中国、立体的中国、全面的中国”①。“讲好中国故事、传播好中国声音”，这既是中国昂首阔步、满怀信心向着第二个百年奋斗目标进军，为实现中华民族伟大复兴创造更为有利的外部条件的战略抉择，也是为维护世界和平、促进人类进步作出新的更大贡献的应有之义。

第一，要坚定信心、增强斗志，做好我们自己的事情，这是新时代讲好中国故事、传播好中国声音的根本前提。正如习近平总书记所强调指出的：“我们有本事做好中国的事情，还没有本事讲好中国的故事？我们应该有这个信心！随着我国经济持续健康发展、综合国力和国际影响力不断提升，国际社会对中国的关注在加深，中国道路愈来愈成为人们研究的对象。这为我们做好思想舆论工作提供了重要机遇。我们要因时而动、顺势而为，把思想舆论工作大大向前推进一步。”②面对新时代的“战略机遇和风险挑战”，习近平总书记深刻指出，“全党必须增强忧患意识，坚持底线思维，坚定斗争意志，增强斗争本领，以正确的战略策略应变局、育新机、

理论链接

网络空间是亿万民众共同的精神家园。网络空间天朗气清、生态良好，符合人民利益。网络空间乌烟瘴气、生态恶化，不符合人民利益。谁都不愿生活在一个充斥着虚假、诈骗、攻击、谩骂、恐怖、色情、暴力的空间。互联网不是法外之地。利用网络鼓吹推翻国家政权，煽动宗教极端主义，宣扬民族分裂思想，教唆暴力恐怖活动，等等，这样的行为要坚决制止和打击，决不能任其大行其道。利用网络进行欺诈活动，散布色情材料，进行人身攻击，兜售非法物品，等等，这样的言行也要坚决管控，决不能任其大行其道。没有哪个国家会允许这样的行为泛滥开来。我们要本着对社会负责、对人民负责的态度，依法加强网络空间治理，加强网络内容建设，做强网上正面宣传，培育积极健康、向上向善的网络文化，用社会主义核心价值观和人类优秀文明成果滋养人心、滋养社会，做到正能量充沛、主旋律高昂，为广大网民特别是青少年营造一个风清气正的网络空间。

——习近平：在网络安全和信息化工作座谈会上的讲话（2016年4月19日）

① 中共中央宣传部编《习近平新时代中国特色社会主义思想学习纲要》，学习出版社、人民出版社2019年版，第154页。

② 《习近平关于社会主义文化建设论述摘编》，中央文献出版社2017年版，第208—209页。

开新局，依靠顽强斗争打开事业发展新天地，最根本的是要把我们自己的事情做好”[①]。只有把自己的事情做好，才能更有信心、有能力进一步讲好中国故事、传播好中国声音。

第二，要以形成同我国综合国力相适应的国际话语权为重点，构建新时代中国特色话语体系，树立新时代中国国家形象。2016年2月，习近平总书记在党的新闻舆论工作座谈会上强调指出，“要加强国际传播能力建设，增强国际话语权，集中讲好中国故事，同时优化战略布局，着力打造具有较强国际影响的外宣旗舰媒体”[②]。2021年6月，习近平总书记在主持中共中央政治局第三十次集体学习时强调，“必须加强顶层设计和研究布局，构建具有鲜明中国特色的战略传播体系，着力提高国际传播影响力、中华文化感召力、中国形象亲和力、中国话语说服力、国际舆论引导力”。这是向世界展现一个真实的中国、立体的中国、全面的中国的重大战略部署。

具体而言，一方面，要形成同我国综合国力相适应的国际话语权。落后就要挨打，贫穷就要挨饿，失语就要挨骂。形象地讲，长期以来，我们党带领人民就是要不断解决“挨打”“挨饿”“挨骂”这三大问题。经过几代人不懈奋斗，前两个问题基本得到解决，但“挨骂”问题还没有得到根本解决。要下大气力加强国际传播能力建设，完善国际传播工作格局，提升中国话语的国际影响力，让全世界都能听到并听清中国声音。加强对外话语体系建设，创新对外话语表达方式，打造融通中外的新概念新范畴新表述，增强文化传播亲和力，让当代中国形象在世界上不断树立和闪亮起来。[③]另一方面，要充分挖掘中华优秀传统文化的时代内涵，宣介中华优秀传统文化，把优秀传统文化的精神标识提炼出来、展示出来，

① 《高举中国特色社会主义伟大旗帜　奋力谱写全面建设社会主义现代化国家崭新篇章》，《人民日报》2022年7月28日。

② 《习近平谈治国理政》第2卷，外文出版社2017年版，第333页。

③ 参见中共中央宣传部编《习近平新时代中国特色社会主义思想学习纲要》，学习出版社、人民出版社2019年版，第155—156页。

把优秀传统文化中具有当代价值、世界意义的文化精髓提炼出来、展示出来。传播优秀当代文化，着力推动反映当代中国发展进步的价值理念、文艺精品、文化成果走向海外，努力进入主流市场、影响主流人群。整合各类资源，推动内宣外宣一体发展，奏响交响乐、唱响大合唱，把中国故事讲得愈来愈精彩，让中国声音愈来愈洪亮。[①]

第三，要注重丰富传播内容、优化传播方式、提高传播能力，这是新时代讲好中国故事、传播好中国声音的关键。党的十八大以来，以习近平同志为核心的党中央高度重视对外宣传工作，特别是从宣传内容、宣传方式等方面作出一系列部署、提出一系列具体要求。2013年8月，习近平总书记在全国宣传思想工作会议上指出，“要精心做好对外宣传工作，创新对外宣传方式，着力打造融通中外的新概念新范畴新表述，讲好中国故事，传播好中国声音”[②]。2018年4月，习近平总书记在全国宣传思想工作会议上指出：“要不断提升中华文化影响力，把握大势、区分对象、精准施策，主动宣介新时代中国特色社会主义思想，主动讲好中国共产党治国理政的故事、中国人民奋斗圆梦的故事、中国坚持和平发展合作共赢的故事，让世界更好了解中国。”[③]“要完善国际传播工作格局，创新宣传理念、创新运行机制，汇聚更多资源力量。”[④]党的二十大报告指出：“坚守中华文化立场，提炼展示中华文明的精神标识和文化精髓，加快构建中国话语和中国叙事体系，讲好中国故事、传播好中国声音，展现可信、可爱、可敬的中国形象。加强国际传播能力建设，全面提升国际传播效能，形成同我国综合国力和国际地位相匹配的国际话语权。深化文

① 参见中共中央宣传部编《习近平新时代中国特色社会主义思想学习纲要》，学习出版社、人民出版社2019年版，第155页。
② 《习近平谈治国理政》第1卷，外文出版社2018年版，第156页。
③ 《习近平谈治国理政》第3卷，外文出版社2020年版，第314页。
④ 《习近平谈治国理政》第3卷，外文出版社2020年版，第314页。

明交流互鉴，推动中华文化更好走向世界。”[①]这些重要论述，从传播内容、传播方式、传播能力等方面，为新时代讲好中国故事、传播好中国声音指明了方向、提供了遵循。

具体而言，从传播内容的角度看，讲好中国故事、传播好中国声音，关键就在于传递的内容是否能够以理服人、以情动人、以实感人，能否被国际社会理解、接受和认同。这就需要在内容上把握好“真实、立体、全面”的基本原则，“要主动宣介习近平新时代中国特色社会主义思想，主动讲好中国共产党治国理政的故事、中国人民奋斗圆梦的故事、中国坚持和平发展合作共赢的故事，让世界更好了解中国”[②]。从传播方式角度看，讲好中国故事、传播好中国声音，要增强对外传播的针对性、实效性。要充分研究国外不同受众的文化传统、思维方式等，把握大势、区分对象、精准施策，不断优化传播方式，不断增强传播感染力、亲和力、影响力，切实增强传播效果。从传播能力的角度看，各级领导干部要把讲好中国故事、传播好中国声音作为必备的基本素质素养，并与自身的工作紧密结合起来，不断提升同媒体打交道的能力、讲好中国故事的能力。

① 习近平：《高举中国特色社会主义伟大旗帜　为全面建设社会主义现代化国家而团结奋斗——在中国共产党第二十次全国代表大会上的报告》，人民出版社2022年版，第45—46页。

② 中共中央宣传部编《习近平新时代中国特色社会主义思想学习纲要》，学习出版社、人民出版社2019年版，第155页。

结语

意识形态能力是领导干部必备的核心能力

习近平总书记指出："意识形态工作是党的一项极端重要的工作，是为国家立心、为民族立魂的工作。"做好意识形态工作，事关党的前途命运，事关国家长治久安，事关民族凝聚力和向心力。[①]对于意识形态工作的极端重要性，有学者认为，意识形态工作如同"灵魂工程""思想工程""方向工程"，极端重要，事关党和国家前途命运，不容麻痹大意，不容有失误错误。[②]特别是在中华民族伟大复兴战略全局和世界百年未有之大变局相互交织、相互激荡的历史背景下，意识形态工作的重要性、紧迫性尤为凸显。

新时代做好意识形态工作，必须坚持守正创新。只有守正，才能"不迷失方向、不犯颠覆性错误"；只有创新，才能"把握时代、引领时代"。因此，我们必须"以科学的态度对待科学、以真理的精神追求真理"[③]，以守正创新的精神做好意识形态工作。做好"守正"，就是要"坚持马克思主义基本原理不动摇，坚持党的全

---

① 参见中共中央宣传部《习近平新时代中国特色社会主义思想学习纲要》，学习出版社、人民出版社2019年版，第140页。

② 参见张志丹《意识形态功能提升新论》，人民出版社2017年版，第40页。

③ 习近平：《高举中国特色社会主义伟大旗帜　为全面建设社会主义现代化国家而团结奋斗——在中国共产党第二十次全国代表大会上的报告》，人民出版社2022年版，第20页。

面领导不动摇，坚持中国特色社会主义不动摇”[①]。做好“创新”，就是要“紧跟时代步伐，顺应实践发展，以满腔热忱对待一切新生事物，不断拓展认识的广度和深度，敢于说前人没有说过的新话，敢于干前人没有干过的事情，以新的理论指导新的实践”[②]。

新时代赋予新使命，新征程呼唤新作为。对广大领导干部来说，进一步做好意识形态工作，不仅是使命之需、职责之需，更是民族之需、时代之需。

一、坚持和加强党对意识形态工作的全面领导

2018年8月，习近平总书记在全国宣传思想工作会议上的讲话中强调：“要加强党对宣传思想工作的全面领导，旗帜鲜明坚持党管宣传、党管意识形态。要以党的政治建设为统领，牢固树立‘四个意识’，坚决维护党中央权威和集中统一领导，牢牢把握正确政治方向。”[③]《中共中央关于党的百年奋斗重大成就和历史经验的决议》系统总结习近平新时代中国特色社会主义思想核心内涵，将党的领导置于“十个明确”的首位——明确中国特色社会主义最本质的特征是中国共产党领导，中国特色社会主义制度的最大优势是中国共产党领导，中国共产党是最高政治领导力量，全党必须增强“四个意识”、坚定“四个自信”、做到“两个维护”。[④]这一重大论断，深刻揭示党的领导与中国特色社会主义的相互关系，标

① 习近平：《高举中国特色社会主义伟大旗帜　为全面建设社会主义现代化国家而团结奋斗——在中国共产党第二十次全国代表大会上的报告》，人民出版社2022年版，第20页。

② 习近平：《高举中国特色社会主义伟大旗帜　为全面建设社会主义现代化国家而团结奋斗——在中国共产党第二十次全国代表大会上的报告》，人民出版社2022年版，第20页。

③《习近平谈治国理政》第3卷，外文出版社2020年版，第314—315页。

④ 参见《中共中央关于党的百年奋斗重大成就和历史经验的决议》，人民出版社2021年版，第24页。

志着我们党对马克思主义建党学说和社会主义发展规律的认识达到新的高度，同时也为新时代坚持和加强党的全面领导、做好意识形态工作提供了根本遵循。

坚持和加强党对意识形态工作的全面领导，牢牢掌握意识形态工作领导权、管理权、话语权，坚持以立为本、立破并举，推进社会主义意识形态建设，使全体人民在理想信念、价值理念、道德观念上紧紧团结在一起。各级党委要切实负起政治责任和领导责任，严格落实意识形态工作责任制。党员干部特别是各级领导干部，要发扬斗争精神，敢抓敢管、敢于亮剑，不做“骑墙派”和“看风派”，不做所谓“开明绅士”，不搞“爱惜羽毛”那一套。加强阵地建设和管理，注意区分政治原则问题、思想认识问题、学术观点问题，旗帜鲜明反对和抵制各种错误观点。①

二、巩固马克思主义在意识形态领域的指导地位

历史和现实表明，一个政权的瓦解往往是从思想领域开始的。思想防线被攻破了，其他防线就很难守住。在意识形态斗争上，我们没有任何妥协退让的余地，必须取得全胜。必须高举马克思主义、中国特色社会主义伟大旗帜，巩固马克思主义在意识形态领域的指导地位，巩固全党全国人民团结奋斗的共同思想基础，建设具有强大凝聚力和引领力的社会主义意识形态，建设具有强大生命力和创造力的社会主义精神文明，建设具有强大感召力和影响力的中华文化软实力。②

① 参见中共中央宣传部编《习近平新时代中国特色社会主义思想学习纲要》，学习出版社、人民出版社2019年版，第141—142页。

② 参见中共中央宣传部编《习近平新时代中国特色社会主义思想学习纲要》，学习出版社、人民出版社2019年版，第140—141页。

巩固马克思主义在意识形态领域的指导地位，党员领导干部必须把马克思主义作为做好意识形态工作的看家本领。对党员领导干部来说，克服马克思主义被“边缘化”“空泛化”“标签化”等倾向，改变“失语”“失踪”“失声”等状况，必须保持头脑清醒、立场坚定、方法有效。习近平总书记指出：“我国广大哲学社会科学工作者要自觉坚持以马克思主义为指导，自觉把中国特色社会主义理论体系贯穿研究和教学全过程，转化为清醒的理论自觉、坚定的政治信念、科学的思维方法。”①

党和国家指导思想在我国社会主义意识形态中占据统摄地位，必须持续加强理论武装工作。要做好做强马克思主义宣传教育工作，推动习近平新时代中国特色社会主义思想深入人心，更好把科学理论转化为认识世界、改造世界的强大力量，更好统一全党全国各族人民思想和行动。把坚定“四个自信”作为建设社会主义意识形态的关键，宣传好社会主义现代化建设辉煌成就，讲清楚成就背后的理论逻辑、制度原因，增强干部群众对中国特色社会主义的信心和底气。把凝聚民心作为意识形态工作的出发点和落脚点，既解决实际问题又解决思想问题，更好强信心、聚民心、暖人心、筑同心。②

哲学社会科学是人们认识世界、改造世界的重要工具，是推动历史发展和社会进步的重要力量，具有鲜明的意识形态属性。坚持以马克思主义为指导，是当代中国哲学社会科学区别于其他哲学社会科学的根本标志。③

---

① 习近平：《在哲学社会科学工作座谈会上的讲话》，人民出版社2016年版，第11页。

② 参见中共中央宣传部编《习近平新时代中国特色社会主义思想学习纲要》，学习出版社、人民出版社2019年版，第141页。

③ 参见中共中央宣传部编《习近平新时代中国特色社会主义思想学习纲要》，学习出版社、人民出版社2019年版，第142页。

三、从“两个大局”的高度把握意识形态工作的风险挑战

2019年5月，在推动中部地区崛起工作座谈会上，习近平总书记强调指出：“领导干部要胸怀两个大局，一个是中华民族伟大复兴的战略全局，一个是世界百年未有之大变局，这是我们谋划工作的基本出发点。”[①]很显然，这一重要论断既是对中部地区讲的，也是对全党全国全社会讲的。此后，“两个大局”成为习近平总书记系列重要讲话和党中央重要文件的关键词、高频词。习近平总书记关于“胸怀两个大局”“立足两个大局”“着眼两个大局”“统筹两个大局”等重要论述，阐明了新时代党和国家事业发展所处的内外环境，为科学准确把握新时代意识形态工作的风险与挑战提供了重要指引。

一方面，实现中华民族伟大复兴的战略全局是一个动态发展的历史进程，这一历史进程是新时代意识形态工作的时代底色和奋斗目标。经过长期努力，中华民族迎来了从站起来、富起来到强起来的伟大飞跃，今天我们比以往任何时候都更接近、更有信心和能力实现中华民族伟大复兴的目标。中国特色社会主义道路、理论、制度、文化的可行性和优越性已经得到充分彰显。新时代做好意识形态工作，必须站在实现中华民族伟大复兴的全局高度、战略高度，聚焦实现中华民族伟大复兴的这一主题主线，围绕更快、更好、更全面地实现这一宏伟目标，做好相应工作。

另一方面，世界百年未有之大变局是当前各个民族、各个国家共同面临的大环境、大背景、大趋势。做好新时代意识形态工作，必须站在世界的高度看中国，从世界范围看时代之需、世界之变，看新时代意识形

① 《习近平谈治国理政》第3卷，外文出版社2020年版，第77页。

态工作面临的风险挑战。

从“两个大局”的内在关联看，意识形态的演变呈现出前所未有的复杂性和不确定性，意识形态工作的重要性、紧迫性愈发突显。中华民族伟大复兴的实现，作为世界百年未有之大变局的重要组成部分，本身就是百年变局的核心变量之一。随着中国的发展、中国的崛起、中华民族伟大复兴的逐步实现，中国正日益走近世界舞台中央，并在维护世界和平、促进人类进步中发挥着越来越重要的作用。正是在这样的背景下，有研究指出：“世界百年未有之大变局，中国特色社会主义进入新时代，中国正在以一种前所未有的方式在经济、政治、文化、军事等领域崛起为一个‘全方位的大国’，这是社会主义意识形态大有可为的新的历史机遇期，是打破自冷战以来世界意识形态斗争‘西强东弱’的新的历史机遇期，是增强中国特色社会主义意识形态国际引领力和话语权的新的历史机遇期，是提升中国共产党意识形态工作领导权的新的历史机遇期，是建设具有强大凝聚力和引领力的社会主义意识形态面临的新的历史机遇期！”①在多重历史机遇期叠加的背景下，胸怀“两个大局”、着眼“两个大局”、统筹“两个大局”，不仅是新时代准确把握意识形态复杂性的基本维度，也是面对新挑战、新机遇进一步做好意识形态工作的重要前提。

四、要把统一思想、凝聚力量作为意识形态工作的中心环节

2018年8月，习近平总书记在全国宣传思想工作会议上指出，建设具有强大凝聚力和引领力的社会主义意识形态，是全党特别是宣传思想战线必须担负起的一个战略任务。强调建设具有强大凝聚力和引领力的社会主义意识形态，必须不断开辟当代中国马克思主义、21世纪马克思主

① 辛鸣、唐爱军主编《当代意识形态问题概论》，中共中央党校出版社2021年版，第49页。

义新境界，必须做好“两个巩固”，即巩固马克思主义在意识形态领域的指导地位，巩固全党全国各族人民团结奋斗的共同思想基础。这些重要论述，从关乎党和国家的旗帜、道路、命运的高度，深刻阐明了新时代意识形态工作的历史使命和职责定位。

把统一思想、凝聚力量作为意识形态工作的中心环节，必须坚持正确政治方向，提高政治站位。各级领导干部必须把“围绕中心、服务大局”作为做好意识形态工作的出发点和落脚点，对党忠诚、听党指挥、为党尽责，胸怀“国之大者”，把握大局大势，敢于担当、善于作为。必须强化理论武装，提升能力本领。必须坚持深学细悟、笃行实干，将学习成果内化于心、外化于行，把思想和行动统一到习近平新时代中国特色社会主义思想上来，统一到党中央决策部署上来。

意识形态工作归根结底是做人的工作。要把培养担当民族复兴大任的时代新人作为意识形态工作的重要职责。重中之重是要以坚定的理想信念筑牢精神之基，坚定对马克思主义的信仰，对社会主义和共产主义的信念，对中国特色社会主义道路、理论、制度、文化的自信。要强化教育引导、实践养成、制度保障，把社会主义核心价值观融入社会发展各方面，引导全体人民自觉践行。要抓住青少年价值观形成和确定的关键时期，引导青少年扣好人生第一粒扣子。要广泛开展先进模范学习宣传活动，营造崇尚英雄、学习英雄、捍卫英雄、关爱英雄的浓厚氛围。要大力弘扬时代新风，加强思想道德建设，深入实施公民道德建设工程，加强和改进思想政治工作，推进新时代文明实践中心建设，不断提升人民思想觉悟、道德水准、文明素养和全社会文明程度。要弘扬新风正气，推进移风易俗，培育文明乡风、良好家风、淳朴民风，焕发乡村文明新气象。[①]

---

① 参见《习近平谈治国理政》第3卷，外文出版社2020年版，第313页。

五、全面落实意识形态工作责任制

建立健全意识形态工作责任制，是落实党管意识形态原则，掌握意识形态工作领导权的重要手段，是党的十八大以来意识形态工作的重大创新。为全面加强党对意识形态工作的领导，中央先后制定下发《党委（党组）意识形态工作责任制实施办法》和《党委（党组）网络意识形态工作责任制实施细则》两部党内法规，构建起党委（党组）意识形态工作责任体系，明确各级党委（党组）的意识形态工作主体责任，主要包括各级党委（党组）及其主要负责人、党委（党组）分管领导、党委宣传部等方面的主要责任。①

全面落实意识形态工作责任制，各级党委（党组）必须担起政治责任。各级党委（党组）是实现党对意识形态工作全面领导的坚强战斗堡垒，是联系党中央与广大人民群众的桥梁纽带。各级党委（党组）对本地区本部门本单位意识形态工作承担全面领导责任。党委（党组）书记是第一责任人，应当旗帜鲜明地站在意识形态工作第一线，带头抓意识形态工作，带头把方向、抓导向、管阵地、强队伍，带头批驳错误观点和错误倾向，重要工作亲自部署、重要问题亲自过问、重大事件亲自处置。②

全面落实意识形态工作责任制，相关部门、领域、阵线必须切实担起责任，按照习近平总书记和党中央的相关要求，切实做好各项工作。党的十八大以来，习近平总书记先后主持召开全国宣传思想工作会议、文艺工作会议、党的新闻舆论工作会议、网络安全和信息化工作会议、哲

---

① 参见中共中央宣传部干部局编《新时代宣传思想工作》，学习出版社2020年版，第267页。

② 参见中共中央宣传部干部局编《新时代宣传思想工作》，学习出版社2020年版，第267页。

学社会科学工作座谈会和全国高校思想政治工作会议等，就党的宣传思想工作、文艺工作、新闻舆论工作、网络安全工作、哲学社会科学工作、高校思想政治工作等与意识形态紧密相关的工作提出一系列新理念新思想新战略，为新时代各个领域、各个部门做好意识形态工作指明了前进方向、提供了根本遵循。

全面落实意识形态工作责任制，领导干部必须做到政治过硬、本领高强。评价领导干部的标准很多，其中最重要的是政治标准和能力标准。只有政治过硬的干部才是合格的领导干部，只有本领高强的干部才是称职的领导干部。当前，意识形态工作面临诸多复杂局面，以及来自各方面的风险挑战，各级党员领导干部必须不断掌握新知识、开拓新视野、熟悉新领域、增强新本领、拓展新能力，知行合一、学用一体，创新方式方法，加强调查研究，不断增强脚力、眼力、脑力、笔力，以扎实的工作作风和显著的工作成效让党放心，让群众满意。

后　记

2022年4月，国家行政学院出版社陈科博士邀我牵头承担《领导干部意识形态能力建设》这本书的写作任务，她知道我曾经分管过一个地方的意识形态工作，也出版过有关著作。我愉快地接受了。

找谁合作呢？我想到了我的学生陈少雷。他2013年毕业于中国人民大学哲学院，获得哲学博士学位，后进入中共深圳市委党校（深圳行政学院）工作，近年来致力于习近平新时代中国特色社会主义思想的教学和研究，业绩突出。他接到我的邀请后十分高兴，立即完成写作提纲。得益于微信的便利和三方的快速沟通，写作提纲很快确定下来。少雷查找资料、搜集素材，写出初稿，我们反复讨论修改并最终完成了书稿。

意识形态工作是我们党一直高度重视的工作。党的十八大以来，党对意识形态工作的重视达到了前所未有的高度，也取得了巨大的成就。这些工作及其成就，是贯彻落实习近平新时代中国特色社会主义思想的结晶。习近平总书记就意识形态工作召开了一系列重要会议，发表了一系列重要讲话，成为党的意识形态工作的重要指南。本书所做的，就是聚焦习近平总书记的重要讲话精神和党中央有关重要文件，在系统学习领会的基础上进行梳理和阐述。因此，书中引用和转述的分量较重。这是出于方便读者进一步学习原著和原文而特意安排的。本书旨在为读者深入学习和领会相关文件精神等起一个导引作用。

由于我们水平有限，书中难免存在不足乃至错误之处，请读者批评指正！

感谢李星良、马雁军、于凌伟三位博士提供了写作提纲初稿，感谢编辑同志为本书所付出的辛勤劳动！

周文彰

2023年1月11日

于北京寓所